# 史說新語

史説新語

# 大唐的惆怅

帝国的慢性病

卷贰

鼎之 著

漓江出版社
桂林

**图书在版编目(CIP)数据**

大唐的惆怅 / 鼎之 著. —桂林:漓江出版社, 2017.8
(史说新语. 帝国的慢性病)
ISBN 978-7-5407-8047-0

Ⅰ. ①大… Ⅱ. ①鼎… Ⅲ. ①中国历史－唐代－通俗读物 Ⅳ. ①K242.09

中国版本图书馆 CIP 数据核字(2017)第 055921 号

策　　划:景迷霞
责任编辑:王　坤
封面设计:左奎星
内文排版:姜政宏
责任营销:景迷霞

出版人:刘迪才
漓江出版社有限公司出版发行
广西桂林市南环路 22 号　邮政编码:541002
网址:http://www.lijiangbook.com
全国新华书店经销
销售热线:0773-2583322

北京汇瑞嘉合文化发展有限公司
(北京市经济技术开发区荣华南路 10 号院　邮政编码:100176)
开本:690mm×960mm　1/16
印张:12.75　字数:180 千字
2017 年 8 月第 1 版　2017 年 8 月第 1 次印刷
定价:32.00 元

---

# 丛书总序

贪腐，一个伴随着人类社会的幽灵。它似乎时而让我们重病缠身，时而又离我们远去，但稍有理智的人都清楚：它从未消失，就算被历史上最著名的反腐斗士拒之千里之外，也只会在不远的阴暗处，静静地舔舐着伤口，耐心等待下一次进攻机会。只待人们稍微放松警惕，这个恶魔就会步步逼近，当人们再次发现它时，它早已侵入肌体，而且比上一次更深更狠地侵入到社会的血肉深处。没错，这就是人类社会最顽固的慢性病。尽管有清廉这副良方与之针锋相对，但结果往往也只能取得一时的胜利，笑到最后的始终是病魔，再伟大的帝国也无法逃脱这个宿命。更令人揪心的是：病发之时谁都可见，甚至谁都在努力救治，但似乎就是只能眼睁睁地看着自己引以为豪的伟大帝国一步步病入膏肓。张释之、魏徵、包拯、海瑞、于成龙……一个一个英勇的反腐斗士，不计自身荣辱安危，勇敢地向贪腐这个病魔发起猛攻，留下了许多感人至深的故事。然而当我们冷眼观史，却发现出手救治的一方往往热血沸腾，舍生忘死，病魔却只需要慢条斯理，好整以暇，如同品尝精心烤制的牛排一般"优雅"地啃噬着帝国肌体。或许清廉能够取得一次又一次的感人胜利，但最终帝国还是不可避免地走向腐化堕落，直至灭亡。

贪腐，这是封建社会的通病，有一些小朝廷建立伊始便重病缠身，但也有一些"优秀"的朝代似乎在刚建立时还算清廉，只是无法避免在长期的运行中逐渐病入膏肓。这是封建社会制度缺陷不可避免的产物，企图让封建王朝彻底去除这个先天慢性病是和长生不老、百病不生一样不理智的妄想。然而，就像不治之症更需要深入研究一样，我们现在回顾历朝历代与贪腐这个病魔作斗争的历史，同样具有重要意义。而细细观察一个伟大帝国从健康逐渐走向腐化的整个过程，尤为重要。贪腐这个通病在每个时代都有其共通的特征和机理，但毕竟每个时代又有每个时代的个性，尤其是社会发展的阶段和政权机制不同，贪腐和清廉的斗争形式也表现得不尽相同。我们选取了汉、唐、宋、明、清这五个主流王朝，分别研究它们斗贪治腐的故事，其实也在一定程度上勾勒出了中华帝国的社会形态和政权机制的发展脉络，这样我们对本国的重要历史，尤其是史书上往往不愿深谈的阴暗面能够有更清醒的认识，直面本民族的一些痼疾和弱点，从而趋利避害，及时救治，走向更加健康的未来。

黄如一

2016 年 12 月

# 目　录

# 第一章　唐太宗:贪官要嘉奖

唐太宗,一代传奇君王,他少小就立志高远,并且非常善于把握时机,逼父顺应时代要求推翻隋炀帝的暴政,开创了空前的大唐盛世。而在皇位与生死之争中,他敢于决断,先发制人,开创了"贞观之治"。在治贪反腐的道路上,他无疑是一位坚定的执行者。在他的统治下,不用严刑,不用威逼,却能打造出一个政治清明、经济发达、君民水乳交融的和谐社会。而更让人称赞的是,他独特的治贪反腐的手段与过人智慧,使得贞观年间贪污腐败概率极小,这种由上而下的清廉更是反过来促进了大唐的全面发展。

## 第一节　暂洗前朝积弊

说起唐太宗李世民,人们都会不由自主地想到"贞观之治"。贞观是唐太宗统治时的年号,贞观之治就是称赞唐太宗在其统治期间作出了非凡的成绩,用四个字总结即国泰民安。这对于一个统治者来说,无疑是最高的肯定和荣誉了。而取得这个成绩,很大程度源于唐太宗的一个心病,那就是隋朝的灭亡是由其自身积弊导致的。这个积弊在隋炀帝时代达到不可调解的高峰。唐太宗不想做隋炀帝第二。

"以铜为鉴,可以正衣冠;以人为鉴,可以明得失;以史为鉴,可以知兴替。"唐太宗在与魏徵的多次交流中,悟出了这个流传千古的道理。

那时候的镜子都是用铜打造的,因此唐太宗说铜镜可以帮助我们端正自己的衣着打扮。着装可以用铜镜照看，那么自身所得到和失去的、成功和失败的考量，就要以他人作为参照。我们常说，人贵有自知之明，这句话道出的事实就是许多人因为没有自知之明从而陷入了"当局者迷"的怪圈。所以，物以稀为贵，自知之明很可贵。而要自知，则要从他人身上反观自己，衡量自己的得失，也就是孔子说的"见贤思齐焉，见不贤而内自省也"。这句话是说，当我们看到比自身贤能优秀的人，就要向他看齐，学习他的优秀品质；而看见品行不好的人，就要反省自己身上有没有和他同样的缺点。

最后一句说以史为鉴，就是从历史中学习、总结万事万物兴盛、更替的根本，以此扬长避短，延长事物更替的周期。唐太宗说这一段话，其实就是在自我鞭策和警告："李世民啊李世民，你如果不想让唐朝这么快被其他朝代所取替，就必须时时刻刻以隋朝的灭亡作为一面镜子，要一洗前朝的积弊，决不能让唐朝堕入贪污腐败的泥淖之中！"

这是多么痛的领悟！唐太宗看得清清楚楚，隋朝的短命与灭亡，就在于它的腐败，其中腐败的鼎盛时期，就是隋炀帝时代，表现为隋炀帝任性妄为的暴政。在国家刚结束自西晋以来近300年的大分裂，再次实现大一统之际，最应该做的就是休养生息，但是隋炀帝却野心勃勃，14年间大肆发动战争，征讨林邑、驯服契丹、收复琉球、收复伊吾、攻吐谷浑、辖高句丽，引起了周边地区和少数民族的强烈不满，为边疆安全埋下了隐患。此外，为了满足自己出游射猎、骄奢淫逸的生活，隋炀帝还大兴土木，修建行宫别院、开凿大运河，调拨不下千万农民加入土木工程中，造成"天下死于役"的惨象。

所谓上梁不正下梁歪，天子横征暴敛、不顾苍生，下面的官员也多自私自利、以权谋私，借战事和工程搜刮民脂民膏、中饱私囊。这样一来，就形成了巨大的由上而下的上下勾结、互为包庇的贪腐网络。由此隋朝内部根基晃动，危机四伏。于是，忍无可忍的广大民众和贵族阶层揭竿而起，一时间"义旗济河，关中响应，辕门辐凑，赴者如归。五陵豪杰，三辅冠盖，公卿将相之绪余，侠少良家之子弟，从吾投刺，咸畏后时，扼腕连镳，争求立效"

（李渊《授三秦豪杰等官教》）。简单来说，就是民变不断，地主武装起义反抗，关中地区的李唐政权就在此时伺机而动，最得民心，在全国造反的大潮中成为佼佼者，最终顺应民心灭隋建唐。

这一年，是公元618年，李渊即位，成为唐朝第一位皇帝。8年后，秦王李世民发动了“玄武门之变”，李渊禅让皇位，唐太宗正式登场，成为唐朝第二位皇帝，并改元贞观，开启了新的时代。鉴于隋朝的积弊，唐太宗一上任就决心励精图治，对国家进行多方整顿，与民休息。为此，唐太宗广开言路，对自己提出了克制欲望、虚心纳谏的要求。

“你们一定不要因为怕我不高兴就不敢提出建议啊！”唐太宗简直是求着百官给他进谏，这种态度和决心实属难得。但是俗语有道：伴君如伴虎，没有多少人敢冒这个险，接这茬活儿。唐太宗于是很苦恼，想到了那个曾经建议太子李建成削弱他的势力甚至杀了他的魏徵。

提起魏徵，李世民当初还是很生气的，曾大声质问他：“好你个魏徵，你为什么要离间我们兄弟之间的感情，你是何居心呢？”

“如果太子早点听我的话，他就不会落到今天的地步了！”魏徵丝毫不惧，非常坦率地说出自己心中的声音。

这可把李世民气得半死。旁人都替魏徵捏了一把汗，心想这下子魏徵可活不了了。但唐太宗不仅没有杀了他，反而重用他，任命他为太子詹事府主簿，掌管东宫印检、勾稽等文秘的工作。

一个离间自己兄弟间感情，策划要谋杀自己的人，唐太宗竟然敢用在自己的身边。这给了魏徵多大的信任啊，也给满朝文武吃了一颗定心丸：既然吾皇有此气度和决心，我们还怕什么呢！

很快，唐太宗交给了魏徵一个重任，那就是安抚太子和齐王的余部。魏徵此前是替太子做事的，现在得到了唐太宗宽大处理，他去再适合不过。

魏徵领命前往，在去山东的途中经过了磁州这个地方，巧遇州县官兵正押送太子的侍卫官李志安和齐王府护军李思行进京。

“既然皇上已经下旨赦免东宫和齐王府旧人，那么就不必再将他们押送入京，免得人们误会，引起更大的不满和动荡。”魏徵当场就将这两人释放了。有人担忧，这样会惹恼唐太宗，因为这两人是昔日太子和齐王的近臣。

“我还是当日太子的谋臣呢！”魏徵并没有因此而畏惧，他觉得自己秉公处理，唐太宗决然没有理由对自己降罪。果然，当魏徵的奏折传到唐太宗手里时，唐太宗非常高兴，表扬了魏徵的做法。唐太宗也因此越来越重用魏徵，将他任命为谏议大夫，经常召唤他到自己寝宫里共商国是。

当然，唐太宗并非圣贤，很多时候对于魏徵刚直的进谏也是大为恼火。因为魏徵直率得不留情面，常常当场让唐太宗下不了台。好几次，唐太宗拂袖而去，回到后宫就大骂魏徵，说要把这个乡巴佬给杀了。但这只是他的一时气话，因为他深知如果没有魏徵，自己也很难数年如一日坚持治贪反腐，秉公办事。毕竟，手握生杀大权，很容易就会陷入权势的误区，亲自毁掉辛辛苦苦建立的勋业。贞观十年之后，唐太宗就不再如从前那样励精图治，而是开始腐朽骄奢的生活，就连魏徵的建议，他也不大听得进去。足见权势对人意志的腐蚀是多么厉害，而这也从反面衬托出反腐的艰巨性和重要性。

很多皇帝都好色，唐太宗也不例外。贞观二年的时候，唐太宗无意间得知原隋朝通事舍人郑仁基的女儿貌美如花，于是色心顿起，要将她纳为九嫔之一的女官“充华”。

然而，郑女早就许配给了陆氏，但是郑氏不敢向皇帝提起此事。当时，诏书已经到达了使臣手里，只是他还没有去郑家宣布。魏徵就在此时勇敢站出来义正辞严地反对，他说：“陛下为人父母，抚爱百姓，当忧其所忧，乐其所乐。自古有道之主，以百姓之心为心，故君处台榭，则欲民有栋宇之安；食膏粱，则欲民无饥寒之患；顾嫔御，则欲民有室家。今郑已约婚，陛下取之，岂为人父母意！”这段话的意思是说，陛下为人父母，一定要抚爱百姓。自己住在华丽的宫殿里，要想到让百姓人人都有安全的住处；自己吃着山珍海味，就要想到让百姓人人都能吃饱；自己妻妾成群，就要想到让百姓都能有幸福的家室。如今郑女和陆家早就有婚约了，但是陛下没有去查明就要夺取人家的妻子，这难道是为人父母应该做的事情吗？

这话说得非常直白，唐太宗听了非常愧疚，但还是想辩解一下。陆家也上表说没有和郑女有婚约，房玄龄等大臣也帮着辩解。唐太宗一听高兴了，看你魏徵还有什么话说！

"陛下，他们之所以明明立了婚约但却强说没有，就是怕到时您怪罪他们啊！"魏徵一语道破他们心中的那点小九九。

唐太宗至此才悔悟，并且深刻自责，当场就让使臣不要去传诏了，而是将郑女归还给陆氏。

我们可以假想，如果没有魏徵的一再坚持事实，那么唐太宗必然娶了郑女，从而在历史上留下败笔。这样一来，就毁了他自己登基时的誓要扫除前朝积弊、严惩贪污腐败的承诺。

不以权谋私，虚心纳谏，从自己开始杜绝腐败的滋生，唐太宗在执政前期，确实做得比历史上很多帝王都要出色。而正是这样，贞观之治成为了后世的楷模。

## 第二节　也玩钓鱼执法

不过，尽管唐太宗一直以史为鉴，努力不重蹈隋末的覆辙，在反贪腐这件大事上不遗余力，但是总有一些人定力不够，容易受到利诱，与唐太宗暗暗较劲。所谓明枪易躲暗箭难防，既然你背着我搞贪腐，我也以其人之道还治其人之身，并专攻你最薄弱的地方，让你猝不及防触发雷区。于是，唐太宗玩起了钓鱼执法。

什么叫作钓鱼执法？作个简单的比喻，水里的鱼有觅食的本能和意愿，于是垂钓者就故意以鱼饵去引诱它上钩。贪官就是那水里的鱼，唐太宗就是这垂钓者，他故意让人暗中以各种利益引诱贪官，激发他的贪腐意愿，使他最终禁受不住利诱而接受贿赂，被唐太宗人赃并获。

这其实就是君王权术的小把戏，但是唐太宗还真钓到了鱼，虽然是一条小鱼儿。有一次，有人向唐太宗打小报告，说在尚书、令史这些官员中，好些人都有收受贿赂的行为。唐太宗一听，我平生最痛恨的就是贪污腐败了，这不就是摆明了要和我对着干，要我步隋朝后尘江山不保吗？于是，唐太宗将计就计，派出自己的亲信秘密向这些官员行贿。

说到这里，相信有人会有疑问，尚书、令史是什么官职？这就要说到唐朝的行政设置了。唐朝时期的中枢制度是三省六部制，三省分别为中书省、门下省、尚书省，而六部则指尚书省下属的吏部、户部、礼部、兵部、刑部、工部。三省是中央的最高中枢政务机构，大家分工合作，中书决策，门下审核，尚书执行。三者分权制衡，行使宰相职务。尚书省的最高长官为尚书令，不过唐朝时期该职务并没有人担任，据说是因为唐太宗在他老爸唐高祖李渊当皇帝的武德年间担任过这个职务，所以满朝臣子就避皇帝的讳，谁也不敢坐这个位置。但是尚书省下的六部，则是肥差。

六部分别掌管着官吏的考核任免、户口和赋税、礼仪制度、军政、法律、刑狱、水陆工程等方面事务，基本就涵盖了国家上层建筑的内容，每一项对于国家的建设发展都至关重要。六部的长官都为尚书，相当于现在国家的各部部长，握有实权；令史是各部门下文职一类的低级办事吏员，大约相当于现在的公务员科员级别。令史被很多读书人看不起，但毕竟身居要害部门，也会成为一些人的贿赂对象。

唐太宗钓鱼执法，就"钓"到了一令史。"司门令史果受绢一匹"（唐·刘肃《大唐新语》卷一，规谏第二）。

敢顶风作案，来人，把他给我抓起来杀了！唐太宗怒不可遏。

这时候，有个人站出来了，他就是户部尚书裴矩，他说："为吏受赂，罪诚当死；但陛下使人遗之而受，乃陷人于法也，恐非所谓'道之以德，齐之以礼'。"（《大唐新语》卷一，规谏第二）这话是什么意思？裴矩原来就是隋朝的顾问大臣，也是很出色的战略家和外交家，他这话说得漂亮，总共有三层含义：

首先，裴矩安抚唐太宗，陛下这样处理按道理和律法来说并没有错，贪污受贿就应该处死，这是他罪有应得的。陛下能够严格执行律法，我裴矩当然是赞成的。

唐太宗得到肯定，自然心里就舒畅一些。于是，裴矩就抛出自己的第二个想法。陛下，咱们依然就事论事，这事儿您做得也有点理亏啊！为什么呢？因为行贿的人本身就是陛下故意派去的，这显然就是挖了个坑让人家跳下去嘛。虽然在道理上，主动跳坑和跳进了别人挖好的坑，实质都是触犯了律法，但是从道义上讲您有故意栽赃的嫌疑，说出去可难以让人信服啊！

唐太宗听他这么一说，不得不认，毕竟这也是事实。走到这儿，裴矩就顺理成章推出他的总结了。陛下，咱们老祖宗的古训说得好啊，对于百姓，不应该用武力威吓，而应该用道德和礼制去引导、感化他们。这其实就是向唐太宗提供了更好的处理建议和台阶。既然这不大道德的诱人犯罪的事情都做了，而且那个令史也确实受贿犯罪了，那么就取个折中的办法吧。

唐太宗是个聪明人，他弄出个钓鱼执法的事来，本身就不是为了杀人，也不想杀人，而是希望起到震慑作用。显然，目前效果已经出来了，于是唐太宗就顺着裴矩给的台阶下，没有杀掉那个令史，但是却把他的官职给撤了。为了一匹绢丢了官，对于令史而言无疑是损失惨重的，毕竟当官员的门槛也很高啊！不过对于高官和皇帝而言，令史实在是微不足道。但反过来想，即便是这样微不足道的令史，唐太宗都要亲自处理、严厉处置，可见其治贪反腐的决心之大。并且，唐太宗还把裴矩进谏这事通报给所有五品以上的文武官员，将裴矩大大表扬一番。这里，唐太宗不仅释放出一个信号：看吧，只要你敢于贪污一个子，我都决不轻饶；更释放出另一个信号：我朝中有敢于进谏的高官，你们要好好向他学习，如有知法犯法者，下一次他进谏的处罚对象就是你！

从这次钓鱼执法事件来看，大臣们都提心吊胆，但更多的是心生不满。因此，从长远来说，这对于维护和巩固君臣的关系，无疑是有害的。你不信任我也就罢了，竟然还要诱导我犯罪，这是何居心？对于一国之君来说，显然会被人诟病为气量小、爱耍权术。若是处理不好，还会陷入阴谋论、暴政、暴君等舆论风暴中。这是唐太宗不愿意看到和面对的，毕竟这种手段不大光彩，显得阴暗狡诈，和唐太宗一开始就树立的明君形象，差之甚远。

“我再也不搞钓鱼执法了。”在遭到大家的一致反对后，唐太宗妥妥地打下保证。水能载舟亦能覆舟，当初一班臣子能够支持他，总有一天也能够策反。玩火也要有个度，聪明的唐太宗太明白这个道理了，而且这个度他把握得很好。可以说，钓鱼执法并不是唐太宗一时兴起所致，而是他对臣子的有意试探。结果很显然，大的贪污腐败并没有出现，这一点唐太宗心里是高兴的，也让他多少有个底，证明自己的反贪腐政策和制度确实落实得比较好。而拿一个小官开刀，暂时也能起到杀鸡儆猴的效果。而且，不管是对于自身声誉还是臣子的损失而言，都是最小的。

见好就收。因此，当后来有人再次提出要进行钓鱼执法时，唐太宗就坚决不干。

这是一个官员提出的请去佞臣的办法：

在下次召见群臣进行谈话的时候，陛下可以故意摆出不正确的观点，然后用发怒的方式测试大家。那些能够据理力争的肯定就是直臣，而那些屈服于陛下的威严因此黑白不分、指鹿为马的，就是要请去的佞臣。

唐太宗一听，这不就是我去年试过，并且承诺不再用的钓鱼执法吗？不行，不行，唐太宗于是说了这么一番话："君，源也；臣，流也；浊其源而求其流之清，不可得矣。君自为诈，何以责臣下之直乎！朕方以至诚治天下，见前世帝王好以权谲小数接其臣下者，常窃耻之。卿策虽善，朕不取也。"(《资治通鉴》)

唐太宗这话说得很明白，君臣的关系就像水源与支流的关系，源头是浑浊的，怎能要求支流会清澈呢？我作为一国之君，自己本身就狡诈不正，怎么要求臣子能够正直敢当呢？况且，我好不容易才奠定了诚信治国的方针和思想，这下子更不能搬起石头来砸了自己的脚。况且，这种小权术对于长远和大局来说，肯定是行不通的。因此，唐太宗表扬了官员的直言进谏，但最终没有采纳。

两次钓鱼执法，第一次是大胆尝试，第二次却是果断拒绝。前后截然相反的做法，同样能够收到很好的治贪反腐效果。这和时局的环境有莫大的关系，第一次是要树立治贪反腐的权威和决心，人们也容易谅解，毕竟是第一次。但是第二次如果故技重施，就会令人反感和不耻，也会毁了他刚建立不久的诚信的明君形象。唐太宗在这里，表现出了非凡的治贪反腐智慧。

## 第三节　贪多少就奖励多少

相比于对令史那一次有预谋的、试探性的钓鱼执法，唐太宗对于个别贪官的奖赏，就比较有趣和高情商了。而且，手段更加高明有效。

《资治通鉴·唐纪八》记载了唐太宗这次奇葩的治贪故事：

> 右骁卫大将军长孙顺德受人馈绢，事觉。上曰："顺德果能有益国家，朕与之共有府库耳，何至贪冒如是乎！"犹惜其有功，不之罪，但于殿庭赐绢数十匹。大理少卿胡演曰："顺德枉法受财，罪不可赦。奈何复赐之绢？"上曰："彼有人性，得绢之辱，甚于受刑；如不知愧，一禽兽耳，杀之何益！"

《资治通鉴》在这里记载得很简洁，主要表现唐太宗的处罚手段和依据、缘由，体现出他的高超智慧。而它背后的故事细节是这样的：

一天，右骁卫上将军长孙顺德正和爱妾在自己府邸的后花园赏花，家仆通告说有一个自称是他同乡，叫作郑卫的人前来拜访。

老乡来访，长孙顺德一听可高兴了，忙让人请他进来。但是没想到，郑卫不仅人来了，身后还源源不断送来几十匹绫罗绸缎。

"你这是干什么？"长孙顺德拉下脸来，心中已经猜到郑卫必然是有求于自己，绝非老乡叙旧这么简单。

郑卫是生意场上的老油条，他对于自己所要求的事情绝口不提，只说这是自家的产出，好不容易来拜访老乡，就当是家乡特产聊表心意。

长孙顺德想拒绝，但是看到爱妾对郑卫拿来的绫罗绸缎爱不释手，又在他耳边撒娇，他也就默许了，把"家乡特产"都分给了妻妾。

郑卫也高高兴兴地离开，过了好几天才再次上门拜访。长孙顺德知道，该要为那几十匹绢做点什么事情了。

"长孙大人，我是做水磨生意的，近来水源非常不足，希望大人能够帮忙想想办法，从郑国渠那里开个口子，引水到我的水磨场里。”

长孙顺德一听就皱起了眉头，这是一件棘手的事情。因为朝廷法令有规定，郑国渠的水第一用途保障农田用水，如果给他开渠，那不就削弱了农田灌溉用水量了吗？在当时，农业生产才是国家第一大事啊，是关乎国计民生的大事！

“让我再想想，再想想！”长孙顺德后悔了，他根本没有回转的余地：你看，那边妻妾们身上穿的，不正是郑卫送来的绢做成的衣服吗？于是，长孙顺德给郑卫开渠引流。

郑卫发了！其他商贩见了纷纷效仿郑卫，也在河岸开渠引流做起了水磨生意。一下子，原本充足的农田用水便出现断水现象，农民愤怒的声音传到了唐太宗的耳朵里。

“真是太混账了，这个长孙顺德，我一定要严加惩办！”唐太宗也很愤怒。为此他一夜没睡好。

到了第二天早朝的时候，唐太宗首先就对长孙顺德受贿赂的事情进行严厉的通报。但是接下来，他却做出了让百官都十分愕然的举措。

“来人啊！”唐太宗一声令下，长孙顺德吓得扑通一声跪下，已经做好了要掉脑袋的最坏的打算。

“长孙顺德收受贿赂数十匹绫罗绸缎，这意味着什么呢？很显然，他家里缺少这些东西嘛。既然他缺少绫罗绸缎，那么他缺多少，我就赐给他多少。给我赏赐长孙顺德五十匹绢，现在就抬上来，让他背回去。”

只见运送布匹的一波接一波，50匹绢都在他身后堆成了小山。长孙顺德脸上青一块红一块，羞愧难当，这简直比判他死刑还难受。没办法，皇命不可违，他只好一个人艰难地一次次往返于皇宫与家里，不知道花了多长时间才在同事们锋利的鄙夷和嘲笑中搬完50匹绢。当然，别以为这50匹绢真的赏赐给了长孙顺德，就算是唐太宗真的赏赐，他长孙顺德也不敢真的收下。事后，他马上将这50匹绢全数归还国库。但是因此受到的屈辱，却成为他一生的污点和噩梦。

这一次奇葩的奖罚故事，也被写入了历史，于是有了《资治通鉴》上面

的记录和对话。唐太宗为什么不对此进行酷刑惩罚,反而奖赏他呢?通过史书的记载我们看到,唐太宗给出了自己的解释:

首先就是唐太宗对自己的反思。长孙顺德是有益于国家的人,如果我李世民能够和他分享府库所有,他也就不至于为了几十匹绢铤而走险了。用现在的话来说就是,下属之所以要贪小便宜,那就是老板太过于吃独食了,没有提高下属的工资待遇和工作福利。于是乎,奖励他50匹绢,也可以体现出我李世民的宽大以及对下属的关怀。这是在以德服人,收买人心。

其次,长孙顺德是有功之人,他身为右骁卫上将军,为国家的安稳立下了汗马功劳,唐太宗并不愿意对他定重罪。这既有私心在里边,也有更深层次的思考。对于一个于国家安危有重大功劳的人,如果因为这件事情给他定了重罪,那么其他文武百官怎么看他唐太宗呢?令史因为一匹绢而丢了工作,没有官员会真正在意,但是如果高官因为几十匹绢受了重罚,可能就会引起人心惶惶。毕竟在许多人眼里,几十匹绢哪能和军功相提并论啊!也许,很多人都会因此在背后戳他脊梁骨,说他对臣子过于苛刻,忘恩负义,暴政,等等。以史为鉴,这是唐太宗一贯坚持的理念,他可不想背上和隋炀帝一样的暴君的名号。更重要的是,他不能失去百官对他的信任和支持。水至清则无鱼,对于贪污受贿,他也要具体事情具体分析,不能把文武百官全都得罪了。

再者,安稳了百官的心,那么总也得给百姓一个交代吧。对于私自开渠引流的商贩,不用说唐太宗肯定会给他们以重罚,关闭私开的河渠,补偿百姓一些损失。但这还不够,对于源头的作恶,百姓也要看到惩戒的结果。那么就来演一场戏吧。唐太宗心想,如果你还有人性的话,就会感到屈辱,而且断然不敢真的收下我的绢,于我其实无损;如果你并没有为此感到羞愧,那就和畜生没有两样,这次杀了你也是没有什么意义。换句话说,君臣合演了一出戏,显示出君主的大量与智慧,反衬出臣子的不该。同时,也给了百官一次心灵深处的震撼:如果你们敢贪污腐败,那么下场就像长孙顺德这样,我李世民不要你们死,但要你们活着比死了还痛苦。这就是驾驭臣子的帝王之术:既不能把臣子逼上梁山,也不能让其过得太舒坦。唐太宗运用得游刃有余。

精神的折磨摧残无疑比肉体的要严重、深远得多,这被唐太宗用在了治贪反腐上面,可以说真的是出其不意。二十多岁的年纪,对于现代人来说,许多人不过刚踏出大学校门没几年,事业上还没起步或者刚刚起步,而唐太宗已经贵为皇帝,开创贞观之治,足以见他的智慧韬略之异于常人。而在处理长孙顺德贪污这件事上突如其来的奇招,更显示出他励精图治的决心和谋略,以及对贪腐的非凡的治理手段与能力。

## 第四节　开创贞观之治

巨大的治贪反腐决心,让唐太宗的励精图治没有沦为一句空话,而是开创出了令后世敬佩的贞观之治。

何为贞观?它的原文来自《易·系辞下》:“天地之道,贞观者也。”意思是天地万事万物,最终都是以正道示人的。唐太宗以“贞观”为自己的年号,就表明自己的执政理念:不走隋朝的老路,拒绝贪污腐败的现象,以民为重,做个为国为民的领导人。为了实现他的政治抱负,唐太宗从政治、经济、军事、外交和民族关系等各个方面全面着手,构筑出强盛的大唐王朝气象。

唐太宗是非常热衷于思考和反省的帝王,他时刻以隋朝的命运和轨迹作为反面教材,总结出隋朝灭亡的根本原因在于暴政,而暴政的突出表现就是国与民并非处于水乳交融的关系,而是相互对立的局面。因此,想要治理好国家,就要深刻认识到“民依于国,国依于民”的道理,在政治上做到以民为重。

这在政治上的表现,首先就是权力的分权制衡。作为君主专制的国家,一大弊端就是中央权力过于高度集中,而这也是隋朝,甚至之前的一些朝代出现暴政的根本原因,如隋炀帝、秦始皇、商纣王的统治时期。为了吸取这种历史教训,唐太宗的中央权力组织实行“三省六部制”。这样一来,就避免了君王或者一人之下、万人之上的宰相独权的行径。

最机智和让人佩服的是，唐太宗自己的诏书也不是随便可以发出去的。他给自己制造了一道坎，如果门下省没有“副署”，这份诏书就无效。纵观中国历史，大小皇帝近千人，还没有哪一个像唐太宗这样跟自己较真的。唐太宗不傻，他这是给自己上了一份双保险，以免自己下了诏书后悔莫及。门下省的“副署”就给他进行第二次把关，拦截住一些显然不该发出去的诏书。这项举措，其实是唐太宗给自己开的一副后悔药。

此外，在政治上最为人津津乐道的就是此前所说的虚心纳谏，这不仅体现出一代帝王的魄力与胸襟，更营造出了前所未有的君臣融洽相处、共同治国的和谐官场氛围。没有臣子不怕君主的，因为从根本上来说，“君要臣死，臣不得不死”。即便大胆耿直如魏徵，每天也是抱着必死的决心上朝的。

据说，在魏徵死后，唐太宗非常伤心，亲自到他家里去拜祭，魏徵的老婆告诉唐太宗，魏徵生前每次出门都要和家人拥抱一下。这很让人不解，难道是魏徵缺少家人的关怀吗？真相说出来让唐太宗都大为震惊。原来，魏徵是怕自己哪一天因为直言进谏而被当廷处死，再也见不到家人，于是他把每一天都当作是最后一天。这种宁死都要进谏的精神让唐太宗大为感动，从这也可以看出唐太宗的执政魄力。

显然，唐太宗不会处死魏徵，他是病死的。但是，魏徵却有以死相报的忠诚，这足以见君臣之间的感情是多么深厚。而这一点，也与唐太宗任人唯贤有莫大的关系。像谏臣魏徵、名将尉迟恭和秦琼，之前都不是他的部属，后来被他不计前嫌委以重任；像房玄龄、杜如晦、褚遂良、长孙无忌、杨师道等人都是他选用的有名的忠直之士。此外，唐太宗还不断颁布求贤诏令，增加科举考试科目，扩大招录数量，让有真才实学的人都能为国家所用。有了这些人才，也就最大限度地阻断了贪腐之人滥竽充数。

当然，人才选拔上来，也要有一套吏治整顿的方法。唐太宗很注重廉政，因此选取的人才都是清正廉洁、刚直不阿之人，从源头上剔除掉国家蛀虫。但是总有些人会因为权势而出现偏差，就像上面说到的令史和长孙顺德，这时候，唐太宗并没有用严刑惩治，而是轻刑订律，因此有了长孙顺德受贿数十匹绢反而受奖赏50匹绢的奇葩惩罚办法。事实证明，唐太宗从一开始就严抓贪污腐败的大问题，只不过他坚持以诚信和仁智治理国家，也就是孟子提倡的"王道"治国。在这份坚持下，当时的官场和社会风气都非常清廉，史书对此也大为称赞：

> 官吏多自清谨。制驭王公、妃主之家，大姓豪猾之伍，皆畏威屏迹，无敢侵欺细人。商旅野次，无复盗贼，囹圄常空，马牛布野，外户不闭。又频致丰稔，米斗三四钱，行旅自京师至于岭表，自山东至于沧海，皆不粮，取给于路。入山东村落，行客经过者，必厚加供待，或发时有赠遗。此皆古昔未有也。(《贞观政要》卷一)

这说的就是官吏清廉、官民相爱、路不拾遗、夜不闭户的太平景象。在这种情况下，罪犯明显少了很多，特别是死囚犯极少，最少的一年全国判处的死囚犯仅有29人。这其中，有一件事情可谓在中外历史上都是罕见至极的。

贞观六年(632)，唐太宗觉得死囚犯一直都困于牢笼里，不能和家人共处很可怜，于是把当年290个死囚犯放回家团聚一年。当时人们都很担心，这不是放虎归山吗？如果他们不再回来，或者再度犯案，那不就是给国家添乱吗？可是相比于唐太宗释放死囚犯回家团聚更令人惊叹的是，一年后这些死囚犯全都自动自觉返回长安城接受死刑。自己主动前来"送死"，这真是前所未闻，大家顿时惊呆了！唐太宗有感于这些囚犯的诚信，最后把他们全都赦免了。这是活生生的君民水乳交融的最佳案例。

民依于国，国依于民，政治的廉洁清正奠定了这种国泰民安的基础。

"民，水也；君，舟也。水能载舟，亦能覆舟。"唐太宗有感于隋朝的灭亡，深信国家的安定要靠人民的力量。因此，政治的清廉还不够，唐太宗还十分关心民众的生活起居。这体现在经济上，就是给民众减负，让他们过上"小康生活"。

许多旧王朝的灭亡和新王朝的建立都会大兴土木，但唐太宗却一直都住在隋朝的旧宫殿里，虽然那里潮湿的环境对他的气疾有不好的影响。他不愿意因为个人的事情而劳师动众，这本身就是一种对大兴土木腐败的有力反抗。

此外，唐太宗很注重“去奢省费，轻徭薄赋”。他不仅鼓励垦荒，更对灾区实行赋税减免，在受灾严重的情况下开仓赈灾，招抚流民耕田安家。而在唐初，唐太宗本人比前面的历朝帝王都要节俭，不造新的宫殿，遣散三千宫女，免去珍宝进贡，从而解放了大量的劳动力务农经商。这不仅有利于民众休养生息、安居乐业，更大大振兴了国家经济。

农业是封建王朝生产和生存的根基，因此我们可以看到，很多王朝越是发展到后面越加重农抑商。但是唐太宗不同，他在推崇农业发展的同时，更大力扶持商业，以至于当时世界过半的著名商业城市都在中国，如交州、广州、明州、福州、洪州、扬州、益州、沙州、凉州等城市。而商业的繁荣，也将西汉以来开辟的丝绸之路进一步发扬光大，从而让全世界从此都得知大唐盛世和中华民族。

因为有了唐太宗开国以来坚持清廉治国的方针和思想，唐朝实现了前所未有的国泰民安。政治上极少出现贪污腐败的现象，君臣同心，朝廷清明有加。经济上全面发展，农商并重，人民安居乐业。而在军事上，强大的军事实力维护着边防稳定，保障了大唐的国家安全。外交上，建立了以大唐为主的和平外交。文化建设上更是令人欣喜，最有代表性的唐诗不仅在国内遍地开花，而且还影响了周边国家。许多国家还派人前来学习唐王朝汉族的文化、文字、礼仪以及先进科研等。无疑，贞观之治打造出一个理想的和谐社会，而这很大程度得益于唐太宗治贪反腐的高超智慧和坚定决心。

# 第二章　苏良嗣:好官难敌家属腐败

唐高宗时期,苏良嗣以清正、刚直著名,被唐高宗视为异才。为官数十载,敢于直言贪污腐败、胡作非为之事,令唐高宗、武则天都为之敬畏,最终官拜宰相,声誉颇高。他一生嫉恶如仇,不过却也因为家属腐败受到牵连而因此贬职。这成为他人生的一个小插曲,他也因此更加痛恨腐败,甚至为了一方百姓利益,对于皇帝搜集奇异竹木的事情也敢于阻止,并且扣押皇使,让皇帝都不得不让步。此外,他怒赏武则天男宠薛怀义数十个耳光,也成为一时美谈,武则天对此也不敢追究,反而警告薛怀义再也不要去招惹他。

## 第一节　刚直不阿累职拜相

继唐太宗李世民之后,其第九子李治即位,是为唐高宗,改元永徽。因为政治清明、社会经济持续发展,他所统治的时期被称为永徽之治,颇有贞观遗风的味道。取得如此成绩,帝王高明、有效的作为自然少不了,不过更多亏了一批贤臣的助攻。这其中,就包括了名震一时的宰相苏良嗣。

苏良嗣何许人也?我们不妨来看看宋朝欧阳修、宋祁修撰的史书《新唐书·列传第二十八》对他的介绍:

苏良嗣(606—690),苏世长子,京兆武功人。唐周王府司马、荆州长史、冬官尚书、温国公、文昌左相、同凤阁鸾台三品、知政事、赠开府仪同三司、益州都督、洛州长史、冀州刺史、赠司空、仆射。

从他的个人简历来看，苏良嗣是一个历经隋末、唐初及武周时期的非常高寿的大官。而若深度剖析，他是一位刚烈耿直，注重法治，一生嫉恶如仇、不肯与贪官污吏同流合污的真汉子。对于唐朝统治者来说，正好需要这样的人。因此，他凭借着自己刚正不阿的秉性，为官数十年受到了几代统治者的青睐，最终累职拜相，登上了人生的顶峰。

他最开始是在周王府做司马的，也就是周王府的属官。在其位思其职，苏良嗣从这个时候开始就已经看不惯贪赃枉法的行为。

“天子犯法与庶民同罪。”崇尚法治的苏良嗣将此奉为自己为人处世、做官办案的座右铭。在古代，达官贵人都是很有特权的，因此很多人都不把国家的法律放在心上，往往犯错了就用些什么理由搪塞过去，或者就此作罢也不会得到什么严重的惩罚。当时苏良嗣的上司周王李哲，也常常有些小动作，而且还经常被苏良嗣给逮到。

上司犯法，属官们看到了一般都会睁只眼闭只眼，假装看不到。但苏良嗣却“不识好歹”，十分较真，每次都要抓住证据不放，对李哲的不法行为进行诤谏。

李哲没想到碰上这么个刺头，但见他每次都是有理有据，大多数情况下也就只好纳谏，从而规矩了许多。不仅如此，他还帮老板管辖王府许多不称职的属官，从而不仅极大地避免了“上梁不正”的局面，更纠正了“下梁歪”的现象。苏良嗣由此名声传到庙堂之上，得到了唐高宗的大力赞赏。

“朝廷正是需要这样遵循法度、敢说敢做、正直不阿的人才啊！”唐高宗开始派他出任洛州长史、冀州刺史、荆州长史等要职。

后来，683 年，七十多岁的苏良嗣还在朝为官，并且被调任雍州长史，去那里解决系列难题。原来，当时关中闹饥荒，严重的时候竟然百姓相食，更别说盗贼四处横行作乱了。在这种混乱的情况下，苏良嗣丝毫不乱，严肃法纪，对盗贼、无为官吏一律法办，坚决维护社会秩序。一旦发生案件，他毫不手软和拖沓，必在三日之内破案。

因为其突出的治理才能，次年苏良嗣就升迁为工部尚书。又过了一年，苏良嗣拜相，达到他这一生权势的顶端。苏良嗣拜相后担任纳言，被封为温国公，并出任西京留守。当时，尚方监裴匪躬负责管理京苑，建议贩卖禁苑中的蔬果为朝廷谋利。对于这种有损民众利益的事情，苏良嗣坚决反对："君不想，那春秋时期鲁国相国公仪休拒收鲤鱼的故事吗？贩卖蔬果是民众获利的一大方式，如果朝廷都来贩卖蔬果，那么以此为生的商贩的生意岂不是惨败？朝廷不应该与民争利，抢民众的饭碗。"

公仪休拒收鲤鱼的典故是这样的：公仪休很爱吃鲤鱼，一天有人送他一条，他果断拒绝，并说如果自己接受了这鱼，那以后他就再也没有鱼吃了。为什么？因为这样就是接受贿赂，成了罪人，被撤官不说，更会遭到牢狱之灾，那时还会有人给他送鱼吃吗？还不如自己买鱼吃，清廉一世，那就可以吃一辈子的鱼。

苏良嗣举这个典故，就是想告诉裴匪躬，切莫动歪脑子。试想一下，朝廷、禁苑，对于普通百姓来说就是圣地、大品牌，自然其出产的物品也会受人追捧。如此一来，小老百姓自营的就是小品牌，自然被挤压在市场之外了。而且，还会有人为此而贿赂管理的官员，让他们参与到贩卖链中，这样一来就衍生了一条犯罪链，自己赚不到钱，最终还会获罪，岂不是赔了夫人又折兵！

可见，在苏良嗣心目中，贪污腐败和清廉刚直水火不容，贪污腐败总有事情败露的一朝，虽取得一时荣华富贵，终究会自食其果。倒不如做个清正廉洁的人，杜绝贪污腐败，为国为民谋福，自己也能名垂青史。

## 第二节　因亲属腐败而贬职

唐朝是一个对于贪污腐败容忍度很低的朝代，先秦时期就有的"一人有罪，并坐其家室"律令在唐朝时就细致明确下来。《唐律·职制律》严格规定："诸监临之官家人，于所部有受乞、借贷、役使、卖买有剩利之属，各减官人罪二等；官人知情与同罪，不知情者各减家人罪五等。”

这是什么意思？在唐朝，各州、县、镇、戍折冲府等判官以上的大小官员统称为“监临”。不管是谁，只要是这些官员的家里人有人收受贿赂、放高利贷、役使和非法买卖有获利剩下的，自己就要获得二等罪；如果官员自己是知情的，就要和家人同罪，不知情的才会进行大幅度的减罪。但无论知不知情，官员自身是罪责难逃，要负起“连坐”的责任。

这只是唐律中对于贪污腐败“连坐罪”的其中一条规定，实际上，不仅仅是犯罪官员家人要连坐，一经发现哪个官员贪污，那么他的亲属官员、举荐者、上级甚至同门都有可能会受到严厉的处罚，而最多见的就是贬职、没收财产等。情节严重的，牢狱之灾肯定是少不了的。苏良嗣一生追求廉洁，然而他却没有想到日防夜防家贼难防，自己的亲属中竟然有人就干这种贪腐的事情，而且还将他连累，使他因此贬职。真是飞来横祸！

对此，《新唐书》的记载极为简短：

> 始，良嗣为洛州长史，坐僚婿累，下徙冀州刺史。其人往谢，良嗣色泰定，曰：“初不闻有累。”

事情是这样的。当时，苏良嗣正因为在周王府的清正廉洁、大公无私而受到了唐高宗的赞赏，被调任洛州长史。他的妻子因自己的丈夫受到了皇帝的赞赏和提拔，心里自然是非常高兴的。不过高兴的不只是她，还有两边的一些亲戚朋友。其中一些胆大的，甚至直接利用苏良嗣的名义进行贪污。

苏良嗣的妻妹和妹夫俩就利用苏良嗣的官职收受贿赂。一些人走苏良嗣的后门走不通，就采用侧面“迂回”战术，转攻苏良嗣的亲属，特别是他的妻妹和妹夫。他们禁受不住来人的财物贿赂，就动各种心思先把贿赂收下，然后再想办法去给苏良嗣的妻子做工作，从而让她给苏良嗣吹枕边风，以完成他人所托。又或者，假借苏良嗣的名义私下进行一些小勾当，谋取不正当利益。

他们这样进行了一段时间，收受贿赂不少。但是，世上没有不透风的墙，很快，就有人举报苏良嗣的连襟贪赃枉法之事，唐高宗大怒，苏良嗣因此受到了牵连，被贬为冀州刺史。这就是《新唐书》所说的“坐僚婿累，下徙冀州刺史”。

对此，妻妹感到非常对不起苏良嗣，就亲自前往苏良嗣的府上承认此前的罪责，向他道歉。不过，苏良嗣却显得非常大度，摆摆手说道：“这没什么，官职调动是很稀松平常的事情，我并没有觉得受到你们什么牵累。”这就是：“其人往谢，良嗣色泰定，曰：‘初不闻有累。’”

这很奇怪。苏良嗣秉性刚直，可是为什么对于连襟贪赃之事却如此大度呢？从情理上很难讲得过去，要么是北宋时人故意这样写，以显示他的大度容忍，要么就是苏良嗣死要面子或者是妻管严。你想啊，如果苏良嗣真的是像后来者包拯一样的铁面无私，那么对于连襟犯罪的事实定然不会轻饶，绝不可能含糊一句“初不闻有累”就草草了事。

因此，在这里面，定然有着一些文章。一是古人有意识抬高苏良嗣宽容大度的秉性，这种“宰相肚里能撑船”的大度品质向来备受儒家传统所推崇；二是古人从侧面突出苏良嗣的不知情，也就是连襟贪赃实际上与他无关，他还是那个嫉恶如仇、清正廉洁的好官；三是说明苏良嗣比较好面子和讲亲情，或者是受到了妻子的劝说，顾及连襟关系，既然大家都已经受到了法律的制裁，那么就不要再让连襟因此内疚了；四是苏良嗣这么一说，只要是个明白人，苏良嗣的妻妹和妹夫就都不会再犯贪赃的事情了，不然就真的对不起这个清廉的连襟了。

但不管是出于怎样的考虑，苏良嗣的妹夫贪赃已成事实，根据律令自己要遭受贬职也是合理的。皇帝并不因为苏良嗣过往的功绩而对他网开一面，足以说明唐朝对于贪污腐败的惩罚力度之严、之大。

因为连襟贪赃而导致自己大好前途受损，贬职他处，这不仅是又要在仕途前进的道路上多走几年，还就此留下了为官的污点，还可能成为日后同僚攻击的痛脚，这真不是一件好玩的事情。然而人算不如天算，皇命难违，苏良嗣也只能整装前往冀州。

## 第三节　扣押皇使，杜绝腐败

对于连襟犯罪能够顾及亲情，对于自己的仕途也表现出非常大度的态度，但是这并不代表苏良嗣破坏自己的原则。在反贪反腐的道路上，苏良嗣仍旧雷厉风行，绝不手软。史书就记载了这样一件事情：

> 帝异之，选荆州长史。帝遣宦者采怪竹江南，将莳上苑，宦者所过纵暴，至荆，良嗣囚之，上书言状。帝下诏慰奖，取竹弃之。

这里说的皇帝是唐高宗，他对苏良嗣刚正不阿的性格和卓越的才能感到惊异，于是决定选派他为荆州长史。不用说，凭借苏良嗣的本事，荆州地方上基本没人敢进行贪污腐败、为官不为或者为富不仁，地方百姓无不爱戴。

作为一方的父母官，就要对得起当地及其百姓。这是苏良嗣为官的原则。因此，对于当时荆州境内的大小事情，苏良嗣无不关心，对打击有损百姓利益的事情绝不手软。

这不，一批唐高宗亲自派遣，前往江南各地采集奇异竹木的宦官经过了荆州本地。这些奇异的竹木都是要移植到皇宫的御苑中去的。这些宦官一路南下北上，因为是直接奉了皇帝的命令办事，经往各地置办都没人敢阻拦，并受到地方官的好吃好喝招待。可是他们没有想到，在荆州碰到了苏良嗣，这趟皇差就此结束了。

他们在荆州境内骄横跋扈，恣行暴虐，当地百姓苦不堪言，纷纷来到苏良嗣面前申诉。苏良嗣平生十分痛恨这些宦官，花着百姓的民脂民膏，但总是做一些危害百姓利益的事情。

平日里没有被他遇上还好，这下子主动撞到了枪口上，苏良嗣怎么可能让他们为非作歹。

“来人，跟我到江边把那些欺侮百姓的小人们都捉拿归案！”

苏良嗣率领当地衙役来到江边，将一众奉命押运奇异竹木的宦官统统抓住，绑了起来。

“苏良嗣，你好大的胆子，连我也敢抓，你知道我是谁吗？”一个宦官并不知道苏良嗣的秉性，还在趾高气昂、阴阳怪气地质问。

显然，他就是执行这次特殊任务的皇使中的领头羊。

“我管你是谁，一个整天在皇帝面前搬弄是非的小人！这里是荆州，我是这里的长官，谁在这里胡作非为，我就有权办他！带走，全都押到监狱去！”

宦官们没曾想碰到了一颗硬钉子，只好自认倒霉，让皇帝来解救自己。苏良嗣又怎么会没有想到他们背后的靠山就是唐高宗呢？

苏良嗣做事很有分寸，不敢把他们怎样，只是囚禁起来，扣押住这些竹木，一面命人看守，一面马上修书一封，将这里的情况告诉唐高宗。

“陛下，近日一众宦官押运了一批奇异竹木经过我荆州，一路上骚扰我地方的百姓，给百姓平添了许多麻烦。卑职知道搜集运送奇异竹木是陛下的意思，但是这些小人们奉了旨令却没有好好办事，而是沿途滋生事端，这恐怕有违陛下爱护百姓的本意。再加上他们一路借着陛下的威严擅自耍弄威权，与陛下爱民如子的宗旨相违背，这也有损陛下的圣明。因此，卑职不得不先斩后奏，将他们和奇异竹木一并扣押，等待陛下处置。”

苏良嗣是高明的，这个问题的根源在于唐高宗，他可以扣押皇帝的人，但是要把处置权留给皇帝，这样才好给他一个台阶下，君臣之间的关系也不会真正弄僵。况且，于情于理，这件事情确实是小人弄权、百姓遭殃，唐高宗再怎么喜欢这些竹子，再怎么包庇这些宦官，也不可能与天下的百姓作对。苏良嗣这一招先斩后奏，只能让唐高宗乖乖放弃这一次的行动，停止宦官对百姓的骚扰、作难。

果不其然，唐高宗接到了苏良嗣的奏章之后，又气又恼，气的是那帮宦官竟然仗着自己的权威给自己惹了这么个大麻烦，恼的是置办奇异竹木这件事情被苏良嗣知道了，自然是不能再继续下去了。

“我约束不严，果然被苏良嗣责怪了。”私下里，唐高宗好生无奈地对武则天说道。

整天待在唐高宗的身边，武则天也久闻苏良嗣的刚直之名，只是没有想到他这么有胆识，心中不禁对他更加敬畏。后来，苏良嗣与武则天也因为宦官的事情有过直接交集，武则天就效仿了唐高宗的做法，没有责怪苏良嗣。

是的，唐高宗在这件事情上非但没有责怪苏良嗣，还特意安慰、表扬了他为国为民的忠心。

"爱卿的忠直让朕十分敬佩、羞愧，朕约束不严，致使一方百姓颇受困扰，爱卿代我慰劳百姓。那批竹木，爱卿不必再扣留，直接倾倒入江，归还于自然。"

这是苏良嗣意料之中的处理结果。而对于那批宦官，苏良嗣也于不久后将他们释放，并通告了他们唐高宗的旨意，警告他们不要再对百姓不敬。

这些宦官当然对此嗤之以鼻，但是既然唐高宗都这样做了，他们只好灰溜溜地回京复命，也不敢对苏良嗣怎样。

荆州百姓听闻此事，都对苏良嗣感激不已。历任荆州长史，能像苏良嗣这样敢作敢为、有勇有谋者还真不多。因此，苏良嗣扣押皇使，杜绝腐败的事迹一时之间成为了当地的美谈，也在官场引起一场小小的骚动，大家都不敢小瞧这个小小的荆州长史，也看到了唐高宗抵制贪腐的决心。

## 第四节　怒打武则天男宠薛怀义

唐高宗有着数十年的头痛病，而且自 656 年起，高宗的头痛病就越发加重，对于朝廷事务往往力不从心，在其身边的武则天就有了登台的机会。她野心很大，一开始想让自己的儿子李弘继承皇位，但辅助唐高宗打理朝政之后，她对政治权力表现出强烈的欲望和天赋，逐渐开始独霸朝纲。674 年 8 月，唐高宗李治号称天皇，武则天号称天后，当时人称其为"二圣"。而实际上，唐高宗备受病痛折磨早已无心治理国家，国家实权很快尽数掌握在武则天手中。

683 年，唐高宗去世，武则天立自己的第三子李显为帝，是为唐中宗。而武则天的长子李弘，早在此前就死在了东宫，对外号称暴毙，但时人都怀疑是武则天派人秘密杀害了他。因为他对于武则天独霸朝纲非常不满，这让武则天感到恼怒和威胁。李弘死后，武则天立第二子李贤为太子，最后又因为政见不同而将其废为庶人，幽禁起来，后来发配到巴州（今四川省巴中县）。这之后，才立了李显为太子，李显最终登基为帝。

然而，实权还是掌握在武则天手上，她作为皇太后操控着一切。李显最终因为想封韦后（李显把他的王妃韦氏册立为皇后）的父亲韦玄贞为侍中，惹怒了武则天，武则天又将他废了，而任命小儿子李旦为帝，但是只让他做傀儡皇帝。

在这种情况下，武则天是实质上的统治者，掌控天下生死大权。古人说“饱暖思淫欲”，武则天在政治权力上的野心得到了极大的满足，做什么事情都没人敢管她，于是也起了淫欲之心，开始像男性皇帝一样随心纵欲，特别在私生活上的腐败，野史上的记载可谓层出不穷。

男性皇帝宠幸嫔妃，武则天则养了一群男宠，供自己淫乐。而堪称武则天男宠第一人的，名叫薛怀义。

这薛怀义本名冯小宝，原本出身于市井之中，专做卖药的骗人勾当，实属市井无赖。但是他能说会道，而且身材魁梧，样子也不赖，江湖阅历可以说非常深厚。对于一般平民百姓女子而言，这样的男子避之唯恐不及，但是对于一些贵族人家的女子而言，却有着非凡的魅力。当然，最重要的是他身体非常强壮，在房事这方面非常擅长。

根据《旧唐书・薛怀义传》的记载来看，薛怀义应该非常善于勾搭贵族女子，他因此勾搭上了唐高宗的小女儿千金公主。千金公主亲自给他沐浴更衣，和他戏耍几日之后就将他献给了守寡数年的武则天。

武则天与他相处了一段时间，被他的精明机灵，以及精湛的侍寝之术所迷倒，决心给他安排一份差事，好让他光明正大留在宫中，长与自己为乐。为此，武则天将他剃度为僧，并任命为白马寺主持，隐去其本名冯小宝，改为薛姓，名怀义。为了让他能够在朝廷上立足，武则天又命令太平公主的丈夫驸马都尉薛绍以叔父之礼相待。这样一来，薛怀义就从一个市井无赖之徒成功改造为一个名门望族，朝廷上下一时呼之为“薛师”。

从一个庶民到一朝拥权，薛怀义仗着有武则天的宠幸撑腰，市井无赖的本性表露无遗，行事无法无天，乃至于都不将朝廷百官看在眼里，经常找他们的麻烦。大多数官员对此敢怒而不敢言，这更助长了他嚣张的气焰。

但是，就是这等专权误国的宠臣，苏良嗣却不怕。从前他敢扣押唐高宗的宦官，此时又怎么会屈服于武则天男宠的淫威之下呢？

一日，薛怀义有意挑衅朝廷命官，带着一帮小喽啰擅自闯入只有宰相可以出入的南衙。而且，恰巧就碰上了正要进门的苏良嗣。苏良嗣当时可是人人敬重的宰相。

“让开，没见我要进门吗，你竟然敢抢在我前头？”薛怀义正眼都没瞧苏良嗣一眼。

苏良嗣本来对于他的为非作歹和嚣张气焰就十分恼怒，又见他竟敢在自己的地盘——南衙撒野，哪里容得他骄纵！

“来人，给我赏这无赖一些耳刮子，看他以后还敢不敢乱闯我南衙！”

薛怀义完全没有想到眼前这个老家伙苏良嗣竟然是个硬茬儿，一时都没有反应过来，就被苏良嗣的左右拉到一边结结实实扇了好几十个耳光。

“把他轰出去！”

苏良嗣也不看他一眼，威严地跨过大门，将薛怀义赶出了南衙。

“太后，太后，你要为我做主啊！”薛怀义捧着红肿的脸向武则天哭诉。

武则天见了大惊，谁敢这么大胆子如此欺负自己的男宠！但问清楚了缘由之后，武则天却冷静了下来，一面抚慰薛怀义，一面却郑重告诫他：“苏良嗣是我朝一代老臣，对国家颇有建树，以前高宗都要让他三分，我也怕他。再说了，南衙是宰相才能进出的地方，你以后就不要闯进去冒犯他，还是从北门出入吧！”

从这以后，薛怀义就知道了朝廷之中谁都可以去欺侮，但是苏良嗣除外。虽然自己独得武后宠爱，但是相比于苏良嗣数十年的赫赫政绩，他也明白是无法与之抗衡的。既然如此，就吃一堑长一智，不再去招惹苏良嗣。

苏良嗣的刚直、反腐真是一生未变，令人敬畏。当时，很多同僚都为他担心，怕武则天因此降罪于他。但是苏良嗣却宽慰他们，自己有理有据，是薛怀义公然藐视朝廷命官、冲撞南衙，武后是明白事理的人，绝不可能为此而无端加罪于自己。

苏良嗣心里明白，好些官员对于武后执掌朝政持反对意见，甚至公然抵制，都被她一一铲除了。而自己从没有反对她，只是尽心尽责做好自己的分内事，武后虽然善于铲除异己，却也懂得珍惜人才，决然不会糊涂到为了一个男宠而加害有助于自己朝廷建设的重臣。

与数年前扣押皇使类似，苏良嗣怒打武则天宠臣，也是醉翁之意不在酒。他对于薛怀义的横行霸道早就恨得牙痒痒了，也一直不知道怎样跟武后提议，这次遇到薛怀义，正好借惩罚他的无端挑衅，向武则天敲响警钟，必须严加约束、管教自己的宠臣，不然就容易失去人心、公道。武则天是何等聪明之人，怎么会不明白苏良嗣这个老臣的心意！这也就是为什么武则天“怕”苏良嗣的原因，说是怕，其实是敬畏。她很需要男宠慰藉自己身心的疲惫，但也更需要像苏良嗣这样刚直忠贞的臣子辅助自己打理天下。

这是苏良嗣对于武则天腐败的一次友好提示。然而毕竟不再年轻，他也不敢过多干涉武则天的事情。载初元年(690)，苏良嗣85岁。武则天见他年事已高，便罢去他文昌左相之职，加封特进，仍担任宰相，实则是没有多大实权的虚职。

不久，宰相韦方质遭到了酷吏的陷害，为了给自己脱罪，韦方质将罪责诬陷到素与自己不和的苏良嗣身上。对于莫须有的诬告，苏良嗣大惊。他一生为官清明、刚正，怎想在晚年却遭受小人诬陷呢！为官最重要的是名声，为此苏良嗣非常惶恐，虽然有武则天给他撑腰，保全了他免遭陷害，但是他还是因为年高受惊晕厥在金銮殿上，最后在送回府邸当日不幸去世。

这个噩耗传来，有人欢喜有人愁，武则天就为此感到痛心惋惜。她马上废朝三日，命百官前去吊唁，并且在观风门举哀，追赠苏良嗣为开府仪同三司、益州都督。

本来事情到这里，苏良嗣的一生也算是功德圆满了，但是令人悲叹的是，他却连死后都不能安眠。不久之后，苏良嗣的儿子苏践言也被酷吏陷害，最终流配岭南。苏良嗣再次受到了牵连，即使入土多年也被追削官爵，抄没家产。直到武则天逝世，景龙元年(707)，唐中宗登基才为苏良嗣平反，追封其为司空。

一个一生为官清廉、嫉恶如仇，与贪污腐败势不两立的老臣子，生前死后一波三折，让人唧叹。不过，他最终还是得到了平反，也算是对他反腐的肯定与表彰。

# 第三章　武则天:唐王朝开出的一朵奇葩

武则天可以说是唐朝乃至中国历史上最传奇的女子,是唐朝开出的一朵奇葩,对她的评价向来褒贬不一,争议很大。然而在这里要说的,却是在她统治下的唐朝的一段官场腐败的历史。而这无疑与武则天的霸道、刚强、隐忍的性格密切相关。她为达到自己的目的不择手段排除异己,甚至以酷吏治政,以宠幸男宠满足自己的淫乱私生活,都为其执政腐败添上重重一笔。而最终,她也自食其果,自掘坟墓,因为腐败而被迫禅位,郁郁寡欢而病逝。

## 第一节　侍奉圣明天子,岂知非福

武则天的一生达到了中国女子在政治权力上所能达到的顶峰,而她对于权力的渴望与追求,与生俱来的刚强秉性与非凡见地,从她还未入宫就已经有所凸显。

采选,也就是现在说的选秀女,是很多唐朝平民百姓与皇宫发生关系的一大途径。它指的是通过正式规范的途径和选秀制度,从民间挑选貌美色丽、素质上乘的女子入宫服侍皇帝皇族,每年一次。这是自东汉以来的规定,在此之前的采选是没有规律的。所采选的宫女一般都是13—20岁的貌美女子,要经过严格的身体甄选,最终能够选上的都是百里挑一的女中精英。

可见，采选和科举制一样都是千万人过独木桥的竞赛，最终能够成为嫔妃的，都是过五关斩六将的女中精英。然而，能够位列后宫品级的女官，大都是仕宦人家的女儿，一般平民百姓家的女儿被选入宫内大多数只能做最下等的宫女，一辈子在宫中服侍，孤寡一生。因此，许多平民百姓是不愿意看到自家女儿被选上的，选上意味着他们很可能将与自家的女儿从此离别一辈子。

这对于平民百姓而言是痛苦的，这种与皇宫发生的关系对他们而言就是悲惨的命运。但是对于很多文武百官来说，选秀却是他们提升家族势力和地位的一大捷径。

历朝历代后宫中都设有各品级的嫔妃、女官。在唐代，皇后以下设四夫人：贵妃、淑妃、德妃、贤妃，皆为正一品；九嫔：昭仪、昭容、昭媛、修仪、修容、修媛、充仪、充容、充媛，皆为正二品；二十七世妇：婕妤、美人、才人各九人，分别为正三品、正四品、正五品；八十一御妻：宝林、御女、采女各二十七人，分别为正六品、正七品、正八品。唐开元时期，以皇后以下设四夫人不合旧制，“乃置惠、丽、华三妃，六仪，四美人，七才人，而尚宫、尚仪、尚服各二”。这些嫔妃和女官一般出身于仕宦人家，也就是文武百官的女儿通过礼聘入选的，并且入宫即可得到册封，有了名分。像武则天，就是被礼聘为才人得以入宫的。也就是说，武则天一入宫就已经是正五品的女官，离嫔妃只差两步。

武则天是唐朝开国功臣武士彟的次女，母亲杨氏（出身于隋朝皇室，父为隋朝观德王杨雄之弟遂宁公杨达），祖籍并州文水县（今山西省文水县北徐村人），于武德七年（624）生。其父武士彟原来是从事木材买卖的，家境非常殷实、富有。隋炀帝大业末年，李渊任职河东和太原等地多次留住在武家，从而与他结识，并因意气相投，武士彟在李渊起兵反隋时资助他大量的钱粮衣物。唐朝建立后，李渊为了报答他的功劳，就以“元从功臣”的身份，让他入仕，历任工部尚书、黄门侍郎、判六尚书事、扬州都督府长史、利州都督、荆州都督等职。到了唐太宗贞观年间，累迁工部尚书、荆州都督，封应国公。不过，在贞观九年（635），武士彟就逝世了。这一年，武则天年方十一，其族内堂兄武惟良、武怀运及同父异母的武元爽等人，便开始对其母亲杨氏失礼。武则天在家中应该说是没有多高地位的。

因此，武则天是生于家世显赫的仕宦人家，一出生就有了先天优势；但是又因为母亲受到兄长的欺侮，自己在家中地位不高，日子也不如从前好过，因此过早练就了她刚强的秉性。

贞观十一年（637）十一月，武士彟去世第三年，武则天年方十四，正值豆蔻年华的少女时期。唐太宗听说她不仅貌美而且仪容举止大方得体，因此召她入宫，封为五品才人，赐号“武媚”。至于“武媚娘”的称呼，疑为后世的讹称。

入宫前的一天，武则天来到了寡居的母亲杨氏面前告别。看着自己养育了十几年的女儿就要离开身边，进入深宫大院，以后不能常见，又想到她可能会因此陷入后宫无休止的争斗中，杨氏就不禁痛哭流涕。

“侍奉圣明天子，岂知非福？为何还要哭哭啼啼、作儿女之态呢？”

面对母亲杨氏的哭泣，武则天异于常人，非但没有抱着母亲一起痛哭，反而言语之中非常成熟老练，还略带着对母亲儿女之态的不满。

看到这，谁也不能不感叹一句：这真是一大奇女子。试想一下，14 岁的年纪，明知道自己就要从此与家人长别，甚至可能自己的一生都要埋葬在深宫之中，但是她却如此笃定，不似平常儿女态。换作是现在的许多儿女，就连十八九岁进入大学都要父母迎送，甚至哭别，就更别说十四五岁时了。

当然，武则天更加令人感到奇异的不是她不肯在离别时作扭捏惜别之态，而在于她的见识：“侍奉圣明天子，岂知非福？”

当时的天子是唐太宗，武则天一心想服侍他，但并不单纯只是想以才人的身份在宫中行走。从她这句话来看，其母亲杨氏定然是以为她只能作为才人从此在深宫里默默无闻，孤苦伶仃过一生。然而她却说“岂知非福”，想来有着一步步往上攀爬的野心和追求。

她就这样满怀希望进入了宫中，侍奉在唐太宗左右。太宗有匹烈马名叫狮子骢，体格非常肥壮，而性子顽劣无比，当时没有人能驯服它。

“陛下，妾身能制服它，只要给我三件器物即可。”武则天忽然说道。

唐太宗十分惊奇，忙问是哪三件器物，又要怎样用。

“这头一件是铁鞭，它不服驯教就用铁鞭抽打它。这第二件是铁棍，铁鞭仍然不能驯服它就用铁棍敲打它的脑袋。这第三件则是匕首。前两种办法都不能使它就范，就用匕首割断它的喉管，让它永远都不能撒野。”

此话一出，不仅身边的人倒吸一口冷气，唐太宗也深感此女子非同寻常，连夸她有志气。然而，她却没有得到唐太宗的宠爱，从 14 岁入宫到唐太宗病逝，连续做了 12 年才人，地位一点都没有提高，正是应了她母亲当初的担心。

然而武则天并不是吃素的，见自己不受唐太宗宠爱，她颇有另辟蹊径的意味，在唐太宗病重期间与太子李治发生了地下情。这真是有违大道，也许武则天与李治是两情相悦情不自禁，然而从她对于选入宫的看法和态度，以及她对驯服烈马的做法来看，恐怕人们更愿意相信武则天是有意而为之。她决然不肯白白将自己的青春和后半辈子寄托在毫无希望的才人身份和这深不见底的后宫之中。

也许，唐太宗始终不肯宠幸武则天就因为感觉驾驭不了她，于是干脆不去招惹她。唐太宗虽然晚年也有昏庸的表现，然而毕竟经过了许多大风大浪，有些事情应该还是不至于糊涂的，他能够感受到武则天内心的巨大渴望，这种渴望一旦爆发将难以控制。唐太宗不愿意冒这个险。

如果唐太宗真是从这方面考虑，那么他的思考和决定真的相当正确，武则天确实非省油的灯。她勾搭上了太子李治，虽然因为唐太宗驾崩而和部分没有子女的嫔妃们一起入长安感业寺为尼，但她与新登基为帝的李治却一直藕断丝连。这就为她后来的人生转折作好了铺垫。

要一辈子在感业寺为尼？鬼才愿意呢！永徽元年(650)五月，唐太宗周年忌日，唐高宗入感业寺进香，武则天就此抓住机会，与唐高宗相见，与他互诉离别思念之苦。这言下之意，就是希望唐高宗能够想办法让她逃离感业寺，回到他身边。

一年之后，机会终于来了，王皇后因为长期无子受到了唐高宗的冷淡，而她的情敌萧淑妃却备受宠幸，于是就提议将武则天重新接回宫中。王皇后想借此来抑制萧淑妃，为自己争取受宠的空间，然而她哪里想到，正是自己这个念头，使情势发生了巨大转变。

永徽二年(651)五月，唐高宗的守孝期刚满就将武则天再次接入宫中。而王皇后没有想到，武则天此时早已怀上了唐高宗的孩子，入宫之后很快就生下儿子李弘。因为唐高宗本身就与武则天感情很深，加上武则天诞下龙子，宫里哪还有萧淑妃的地位？武则天一人独得唐高宗的宠爱，一年后就被拜为二品昭仪，成为九嫔之首。王皇后、萧淑妃虽然品级比武则天高，但是实际地位却不如她。因此，王皇后非常后悔当初“引狼入室”的建议，从而与萧淑妃结成联盟，两者共同对付情敌武则天，也就是此一时的武昭仪。不过，唐高宗此时只听得进武则天一人的话。

过了几年，武则天诞下长女安定思公主，王皇后作为后宫之主，自然要来恭贺。此时安定思公主只有一个月大，王皇后逗弄她一会儿后就走了。奇怪的事情就在她走后不久发生了，安定思公主竟然暴毙了。唐高宗问宫女，都说王皇后是最后接触安定思公主的人。王皇后成了杀死她的最大嫌疑人。虽然并没有证据表明王皇后杀死了她，但是唐高宗却自此有了“废王立武”的打算。当然，唐高宗之所以要这样做，绝不只是因为宠爱武则天这么简单，也是因为他的皇权受到了王皇后那边外廷势力的倾轧，他想重振皇权。

武则天也正有夺取王皇后后宫之首的野心，后宫中许多人都看得出来。因此，就有人传言安定思公主正是武则天为了嫁祸于王皇后而亲自杀死的。安定思公主到底是武则天杀死还是另有隐情，我们现在已无从得知，但是武则天心狠手辣、善于权谋和挤兑对手的形象已跃然纸上，这般狠辣的性格也成为她开启腐败统治的根源。

## 第二节　二圣听政排除异己

一般的后宫嫔妃之间的争斗都不会牵扯到朝廷之上，然而武则天却和她们大不相同。她不但能够处理得了后宫种种乱七八糟的事情，更是唐高宗的贤内助，而且不满足于只做他背后的女人。

唐高宗为了重振皇权决心要“废王立武”，为此不惜与外廷势力很大的大臣打持久战。一开始，他孤军奋战很是吃力，武则天见状，一面宽慰他，一面借机向他提供了许多思路和想法。自此，唐高宗与武则天并肩和众大臣对抗，势必要推进、落实这件大事。

所谓“夫妻同心，其利断金”，这话还真不假。作为唐高宗的亲密战友，武则天逐渐扶正，然后从幕后谋划走向政治舞台。

朝野之上，利益从来都是相对或者多面的，因此有反对“废王立武”的，自然也有利益的对立面公然表示支持“废王立武”的，中书舍人李义府就是第一个站队于唐高宗的大臣。

这让唐高宗和武则天很高兴，他们马上重赏了李义府。其他一些在观望的中高级别的官员一看，嘿，支持“废王立武”还能得到不少好处，何乐而不为！何况按照现在的形势分析，王皇后的气势分明不及武则天，论要手段武则天是真正的高手，而且她身边还有唐高宗。从长远来看，武则天总有一天会取代王皇后登上皇后宝座的。

基于以上的一些考虑，原本以不变应万变的一些大臣纷纷上书建议唐高宗尽快“废王立武”。官场就是一个水深得很的名利场，一方势力强大，另一方势力必然要对其进行打击，以取得平衡或者成为新晋势力。对于武则天而言，这一次“废王立武”行动，就是她积蓄势力、培养忠臣的一次大好时机。谁在这场运动中支持她，谁竭力反对，她日后定将有所回报或报复。

眼看越来越多的大臣站在了自己这一边，唐高宗这一次可不想再错失良机了。但他仍旧害怕长孙无忌、褚遂良等人对自己造成很大的阻滞，于是他问功臣元老中的李勣该如何决定。

“陛下，这是您的家事，废立又何必问我们这些外人呢？”

李勣非常聪明，他这句话将责任全都抛给了唐高宗本人，但言下之意又非常肯定，意思就是说，陛下，既然您废王立武心意已决，那就按照您的意思去办吧。别问我们这些做臣子的，若以家事论，我们没有干预的权力。

其实，在帝王专制的封建时代，皇族家事往往没有那么纯粹，都是利益的争夺，而且动辄关系着天下大势。李勣说这句话一来明显避重就轻；二来说明他本意就是支持废王立武，不然他就会和反对派一样据理力争、竭力反对了。

且不说李勣在这件事情上有点老奸巨猾的味道，实际上大势所趋，废王立武很快就确立了。永徽六年（655）十月十三日，唐高宗颁布诏书，以“阴谋下毒”的罪名将王皇后和萧淑妃废为庶人，同时囚禁起来，从而为武则天铲除了竞争对手。此外，唐高宗还将她们的父母、兄弟等一众亲戚裙带关系的众臣都削爵免官，流放到遥远的岭南地区，为自己振兴皇权巩固根基。仅过了7天，一道诏书又下，武则天被立为皇后，并将誓死反对的宰相褚遂良贬为外州都督。过了几年，又逐一将长孙无忌、于志宁、韩瑗、来济等人全都削职免官，贬出京师。

经过这一系列动作，留在唐高宗和武则天身边的诸臣，基本上就是拥护他们的人，皇权得到了空前的集中和巩固。关陇贵族至此受到沉重打击，再也不能与皇权抗衡。而经此政治权力角逐一役，唐高宗身体状况每况愈下，武则天成为了这次运动的最大受益者。

显庆五年（660）十月，唐高宗因为风疾发作，头晕目眩不能治理国事，而全权委托武则天代为处理。武则天从此正式登上政治舞台，表现出政治天赋。不过，因为政见不同和过于强势，她差点被唐高宗废掉，最后还是在她软磨硬泡下，唐高宗才打消了废掉她的念头。而这，也让武则天意识到，如果不尽早将天下大权真正掌握在自己手中，迟早有一日自己会被他人所取代。

“陛下，既然您头痛不便治理国事，而臣妾又经验不足，倒不如这样，陛下准允臣妾随陛下一起上朝听政，也好让臣妾跟着学习，分担陛下的辛劳。”

武则天不愧为有心计的厉害角色，说的都是有利于唐高宗的话，殊不知，她心里打的却是暗暗积蓄力量的算盘。不过，唐高宗也只好接受这个建议，毕竟他一人之力不能承受独自日理万机的重任，而又不放心让武则天完全取代自己行使大权。权衡利弊,似乎一起听政是最好的方法。

于是,中国历史上出现了有趣的一幕。古语有道“一山不容二虎”,唐朝的金銮殿上却演绎了“一朝二圣听政”的全新面貌。这对于武则天来说,基本等于坐实了天下一半大权。此后不久,武则天又怂恿唐高宗一起到泰山封禅。

封禅是古代帝王祭祀天地的说法,一般在国泰民安的太平年间进行,一来向百姓昭示国家的强盛太平;二来有彰显帝王统治得力的意味;三来就是对天地、祖先表示感恩,并祈福让他的国家继续繁荣昌盛。封为祭天,禅为祭地,泰山被古人认为是天下的最高峰,因此封禅都在泰山举行。

唐高宗年间总体繁荣昌盛,因此武则天极力怂恿他进行封禅大典。唐高宗表现出为难,按照先人规定,封禅既然为祭祀,就没有女人什么事情。古时候的祠堂主要也是起到祭祀作用,对女人来说都是禁地,只有嫁入夫家那一年可以进入,其他时候都不得进入。因此,唐高宗认为自古以来封禅都是皇帝当初献,公卿当亚献,哪有皇后什么事情呀!

祭祀一般献酒三次,初献就是祭祀时第一次祭酒的人,亚献就是第二次祭酒的人。

“既然封为祭天,禅为祭地,先皇配享祭天,太后配享祭地,那么哪有公卿做亚献祭地之理呢?同时这事情又是皇族内务,也不能让外臣来插手。如此一来,只有由臣妾作为亚献祭地,以表示孝敬婆婆的诚意。”

武则天真是能说会道,自圆其说,唐高宗见她说得头头是道,居然没有可反驳的地方,于是同意了她的提议,大告天下将要进行泰山封禅盛典。

其实,对于武则天来说,还有什么是说不通的呢?她就是一个敢于、善于改革创新的能手,废王立武、二圣听政,哪一项不是开先例之举?因此,皇帝皇后共同封禅也没有什么可奇怪的,文武百官、天下百姓都对武皇后啧啧称奇。

麟德三年(666)正月初一,这一天天清气朗,封禅大典顺利在泰山举行,武则天作为亚献完美亮相,让天下再次见证了她的魅力和能力。她这一露面,明眼人都知道其实就在宣示她的霸权地位,让天下人知道谁才是这个国家的主宰。而在献酒之后，武则天大赏百官，给他们加阶进爵，进一步收拢了百官对她的拥戴。至此，武则天皇后的地位稳如泰山，势力也得到了很大的积蓄。

上元元年(674)八月，唐高宗称天皇，武则天称天后。次年，唐高宗风疾更甚，于是有了让武则天独立摄政的念头。但是宰相郝处俊等人极力反对，要他将皇位传给自己的子孙。其实，唐高宗有这个念头，除了武则天整天给他吹耳边风之外，肯定还有一个重要的原因就是他看到了自己的儿子们都没有能力真正接管他的担子。一是这些儿子没有经验、阅历，二是没有足够的胆识和魄力，难以服人；三是没有实权；四是武则天的势力已经如日中天，他们都不是武则天的对手。

武则天知道宰相郝处俊的反对之后，就做了一系列的行动。她召集了一批学士，后被称为“北门学士”。他们先是修书，以此彰显武则天政绩，然后又积极参政议政，以此分割宰相权力。而同年，代理国事的太子李弘无端病逝，武则天二子李贤被立为太子。

李弘的病逝让人怀疑是武则天为称帝做的手脚。可这事还没过几年，李贤又被罢了太子之位，被废为庶人，流放巴州，理由是谋逆罪。武则天的第三子李显开始登上太子之位。永淳二年(683)，唐高宗李治病逝，李显登上皇位，是为唐中宗，尊武则天为皇太后。

然而，李显只是一个傀儡皇帝，很多军政大事都不能自己做主，实际的决策权、处置权都掌握在武则天手中，因此他极为不满。武则天也对他感到不满，很快就将他废黜为庐陵王，并迁于房州。而后，武则天立其第四子李旦为皇帝，是为唐睿宗。这回李旦学聪明了，他看到三个哥哥都以悲剧收场，知道如果自己真的有心要做皇帝的话，必然也会落得和哥哥们一样的下场。于是，他配合武则天演绎了一出双簧，自己只做表面的皇帝，国家事务都由武则天去打理。

这样一来，武则天就完成了“夺取后位——二圣听政——泰山封禅——自专朝政”的蜕变之路，并一路上排除异己，为达到自己的政治欲望而驱逐了许多良臣，并且暗中做了许多见不得光的黑暗、腐败之事。虽然她也提出了许多利国利民的政见，任用了许多有识之士，但是伴之而来的政治黑暗、腐败，特别是酷吏时代的开启，让她饱受非议。

## 第三节　请君入瓮：大唐酷吏时代的到来

如果说武则天在唐高宗还能摄政时代会受到唐高宗余威的阻碍而不能全然实施自己的政治抱负，那么在唐高宗病重之后必须要太子代为摄政的时代以及病逝初期，武则天则完全把天下大权握在了自己手中。李弘、李贤、李显、李旦，武则天七年之内连换四个儿子继承太子、皇帝之位，足以见其能耐。

不登皇位不称帝不足以死心，武则天为此在四个儿子作为代理皇帝、傀儡皇帝时期，不断加速收拢实权，甚至不惜大动干戈翦除李唐势力。她要建立自己的武家王朝，这已经是“司马昭之心，路人皆知”的事实。因此，诸王以及拥护李唐王朝政权的军政大臣纷纷起兵。一时间天下似乎大有瞬息风云变幻之势，王侯、军要、政客、居心叵测的小丑们齐齐上场，誓要推翻武则天的专政。

乱世出英雄，这一批批的造反者中真正拥护李唐政权的很少，大都不过是希望借助于所谓的乱世为自己建功立业。在他们的内心深处，在那个男尊女卑的时代，让一个女人统治全天下的男人，他们心有不甘。

然而讽刺的是，他们不仅判断失误——这不是一个乱世，而只是盛世的一个小插曲，更低估了武则天的能耐，小瞧了她作为女人的果敢与胆魄。要说历朝历代天底下的男人，还没有多少能够比得上武则天够狠够辣的手段。

你反我杀，杀到你屈服为止，武则天对于反对她的敌人丝毫不手软。徐敬业、徐敬猷兄弟联合唐之奇、杜求仁等人扬州起兵10万，被武则天派兵30万三个月内平息；博州刺史琅邪王李冲于博州举兵，七日被武则天派兵剿灭；豫州刺史越王李贞起兵豫州，也被武则天在一个月左右的时间平定。此外，韩王李元嘉、鲁王李灵夔、黄国公李撰、东莞郡公李融、常乐公主等都在武则天任用的酷吏逼迫下纷纷自杀，亲信、家属等连坐被诛，就连她自己的亲生儿子李贤的两个儿子也不放过。几年时间,武则天一手将其丈夫一族,也就是李唐皇族的宗室杀害殆尽,而将自己武氏宗族的势力安插在朝廷内外,完成了新的一轮政治血液的轮换。这一次换血,比之武则天之前与唐高宗铲除王皇后一族势力,斩草又除根,有过之而无不及。

一场腥风血雨的政坛厮杀,当然也会带来民间动荡与疾苦。而这恰恰是为达一己私欲官场腐败的严重后果。然而,这只是开始,更腐败的就在于武则天一手开创了大唐的酷吏时代。

谁能想象,一个酷吏时代竟然是由“女流之辈”开创的?然而事实就是这样,武则天用现实告诉人们,“女流之辈”一点也不逊于男人,并不是“弱女子”的代名词。她要做的,就是破除人们对女人的这种偏见,就是要人们怕她。她不在乎人们对她的评价和诋侮,她只要大家承认她的统治,乖乖听话,谁不听话就除掉谁。这正应了她在入宫不久后,对于如何驯服那匹名叫狮子骢的烈马的做法。以暴制暴、以刚克刚,她不允许有比她还要强势的人存在。“顺我者昌,逆我者亡”,在她这里,不是一句耍酷的口头禅,而是恐怖的实践。为此,她以酷吏治政,开启了一段更加腐败黑暗的政治时期。

武则天任用的酷吏之中最出名的是索元礼、周兴、来俊臣、侯思止等人。武则天用他们掌握制狱,然后将被告密的嫌疑犯都交给他们用酷刑严刑折磨,逼迫他们承认罪行。其中,很多人看到实施酷刑的刑具就已经吓倒了,纷纷俯首认罪。而有好一部分人,则是被酷刑折磨得受不了承认罪行的。但这些认罪的人中,又有大部分其实是被人诬陷的,他们之所以认罪,是因为受不了酷刑,宁求痛快一死。

据记载,索元礼在洛州设置机构,审理“谋反者”,在他的酷刑之下牵涉并致死的无辜者多达数千人。周兴则官至尚书左丞,一生中创造出许多酷刑,严酷程度前所未闻,在他的手中滥杀的无辜也有数千人之多。来俊臣因告密获得武则天信任,先后任侍御史、左台御史中丞、司仆少卿,组织数百名无赖专事告密,又设推事院,大兴刑狱,与其党羽朱南山等撰写《罗织经》,制造各种残酷刑具,采取逼供等手段,任意捏造罪状置人死地,大臣、宗室被其枉杀灭族者达到数千家。侯思止出身贫穷，靠卖饼也难以为生，因告李元名谋反而得到武则天的重用，他在担任侍御史期间，罗织罪名，陷害大臣，同样制造了多起冤案。可以说，他们是武则天酷吏时代的四大酷吏，都以告密发家，以酷刑著名，但同时都因此而获罪，没有一个能够善终，最终不是被处死，就是在流放中被仇家杀死。

告密是武则天铲除异己、巩固统治的一大法门，也是酷吏、酷刑、枉死的来源。事情是这样开始的，垂拱二年(686)三月，武则天下令制造一种铜箱子放在洛阳宫城前，作为告密箱。这个箱子不只是文武百官可以投递密件，就是普通百姓也可以进行告密。对于告密者，武则天会直接派车马去接送，还照顾住宿和饮食。并且，车马会直接将告密者送到武则天面前，由武则天接见。如果所告密的事情属实，并且符合告密政策奖励条例，无论是谁都可以破格升官。同时，如果告密的内容不是事实，告密者也不会受到任何惩罚。这简直就是给诬告开了通道，或者是说给别有用心的小人进行诬陷提供了新的玩法。

如果告密者告的密被初定为属实的、重大的，那么被告者就会被送到索元礼、周兴、来俊臣、侯思止等人管辖的那些监狱里头。进了这里，就如同进了地狱，各种酷刑审讯会让人痛不欲生，然后痛苦死去。进来后几乎没有能够走出去的。

在这种恐怖氛围中，一方面告密者增加，因为告密无受罚成本，而告对了还能收获丰厚的钱财，甚至是获得官职；另一方面官员们天天都提心吊胆，大臣每次上朝都要和家人进行诀别仪式，因为谁也不知道自己会不会成为下一个被告或者被诬告的人。安南王李颖等宗室12人，还有李贤的两个儿子，就是在这种情况下被告发、杀戮的。

得有怎样的腐败才会有这样的酷吏治政的国策、方针，以及产生这种人格、心态都扭曲的社会现象？我们说即使是物欲横流的社会，但很多时候人们追求物质生活还是恪守着“君子求财，取之有道”的原则，然而那时候却有不少人利益熏心，为求财、求官而一心诬陷他人，并以发明酷刑折磨他人为乐。像周兴、来俊臣一类，就是在这种腐败的环境中诞生的怪胎、人格变态狂。不过,让人哭笑不得,却又拍手称快的是,他们整天以酷刑折磨人家,最终却也被酷刑吓倒。著名的“请君入瓮”典故,说的就是他们俩之间的事情。

天授二年(691)初,一个叫作丘神勣的酷吏因为阴谋造反罪被处死,有人告发周兴也参与阴谋造反。武则天听了大怒,必须审问周兴。但是派谁去好呢?要知道,周兴自己就是一个酷吏,而且是非常善于发明酷刑的酷吏,他狡猾得很,如果派一般人去审讯他,说不定还会反过来被他审讯呢!

武则天想了想,得,这个活还得由来俊臣干不可。他和周兴,既是臭味相投的同僚,同时都是狡猾至极的酷吏,更是互相较劲的对手。派他去,再合适不过了。

这来俊臣一接到密令,也是犯傻了。他还真的不知道要怎样才能把周兴给问住,那些恐吓人的刑法,他周兴可是比我来俊臣还要熟悉啊。用现在的话来说,周兴的心理素质非常过硬。

“得让他自己开口才行。”来俊臣忽然心中一激灵,有了法子。

他找了个借口请了周兴到自家大院里吃饭,正吃得开心、喝得愉快,来俊臣轻描淡写地问道:“周兄,我有个难处想请教您,不知道当问不当问?”

见来俊臣果然紧锁眉头,周兴几杯酒下肚,放松了警惕之心,并没有多想,就说:“兄弟你有话就说,咱们什么关系呀!”

“我近日捉到一个硬角色,眼看皇上给的期限就要到了,现有的什么刑法都试过了,他就是嘴硬不肯认罪,你说要怎么办才好呢?小弟实在黔驴技穷,所以特意设宴请教周兄!”

“这简单啊,”周兴听了,一边拿起酒杯一边随口说道,“你给他支一口大瓮,将这人放进瓮里,然后在瓮下烧起大火,你看他还嘴硬不嘴硬!”

“周兄高招啊!”来俊臣听得乐开了花,忙找人去抬了一口大瓮进来,就放到院子中间,然后命人在瓮底下搁置柴火。院子两旁布满了全副武装的士兵。

“你这是干吗呀,兄弟?”周兴看这阵势,感觉有点不妙。

就在这时,来俊臣忽地站起来,一脸严肃状,从怀里摸出圣旨,大声说道:“周兴,有人在圣上面前告发你与丘神勣相通,共同密谋造反,来某奉陛下圣旨审查你,请君入瓮吧!”

“哐当”一声,周兴还没来得及反应,杯子落地,他的膝盖也同时双双跪倒:“请圣上饶命,请兄弟高抬贵手,我认罪,我认罪!”

真是极具戏剧性的结局,周兴本人发明“请君入瓮”的酷刑,结果自己要第一个受此酷刑。他也知道被放到瓮里烤是多么难以想象的煎熬,但是他自从当上酷吏以后却一直都醉心于发明一桩又一桩的酷刑。人在做,天在看,不是不报,时候未到,周兴终于伏法了。按照法律,周兴理应被执以死刑。但是武则天念他数年来帮了自己不少,就答应了他的请求,免他一死,将他流放岭南地区。不过,他命已该绝,虽然被主子放了一马,却在赶往岭南的路上被仇家手刃。

## 第四节　神龙革命被迫禅位

为了保住自己的帝位、铲除异己,武则天的酷刑治政颇有点倒行逆施的感觉。自李唐王朝开国以来,就因为有感于隋末的暴政而施以仁政。像唐太宗的贞观年间,一年被执行死刑的死囚犯都是寥寥无几的,而武则天任用酷吏,一年无辜受牵连者非常多,如四大酷吏每个人身上都背负着数千条无辜的命债。

武则天从公元690年称帝,改国号为周,唐朝自此出现一段特殊的武周时期。在这段时期,无可否认,武则天作出了许多政绩。

在政治上,她一方面以酷吏巩固政治,一方面也广纳贤良、知人善用,娄师德、狄仁杰、姚崇和宋璟等人都在她的提拔下得到重任,大展拳脚。此外,她还在取士渠道上开拓创新,改革科举,提高进士科的地位;举行殿试;开创武举、自举、试官等多种制度,给寒门子弟打开了一扇通往仕途的大门。因为这些贤才的相助,武周时期国家总体上政通人和,国泰民安,为唐玄宗开创开元之治奠定了基础。

在军事上,虽然总体表现比之唐太宗是有不足,但是基本也能维持唐朝的辽阔疆域和大国地位，虽然历经艰辛，但是对吐蕃、突厥和契丹都有着很好的约束作用，让他们不敢再犯大唐。

在经济上，武则天早在上元元年（674）称天后的时候就提出了著名的“建言十二事”，其中就有关于经济建设的建议：

一、劝农桑，薄赋徭；

二、给复三辅地（免除长安及其附近地区之徭役）；

三、息兵，以道德化天下；

四、南、北中尚（政府手工工场）禁浮巧；

五、省功费力役；

六、广言路；

七、杜谗口；

八、王公以降（下）皆习《老子》；

九、父在为母服齐衰（丧服）三年（过去是一年）；

十、上元（年号）前勋官已给告身（委任状）者，无追核；

十一、京官八品以上，益禀入（增加薪水）；

十二、百官任事久，材高位下者，得进阶（提级）申滞。

其中，这前五条都关乎经济建设，说的是与民休息、鼓励农桑、轻徭薄赋、禁淫巧（针对手工业一味追求浮巧而费工耗财的现象），这对于缓解当时的灾荒起到了一定的作用，并且能够安定人心，将民力还于民众，促进了农业生产。

不可否认，这些在政治、经济、军事乃至文化（科举取士，重视文章）上的政策都给国家带来了福音。没有武则天对此的励精图治，也很难有后来的唐朝中兴、开元盛世。这些都是有密切的因果关系的。

与此同时，武则天与历朝历代的君王一样都逃不过权力的魔咒，那就是当权力越大时，心中的欲望和不轨就越强烈，腐败也就随之而生。从武则天被唐高宗接回皇宫开始，她就已经明白深陷这宫斗的深渊中，要么在沉默中灭亡，要么就披荆斩棘爆发。武则天刚毅的性格让她不甘屈于人下，她很坚定地选择了后者，并就此开启了开挂的人生征途。这是一条不断向着权力顶峰攀爬的道路，艰辛异常，同时也是一条通向腐败顶端的邪恶道路。天使与恶魔同在，武则天就是这样双重人格的生动诠释。为了国家的发展，她必须考虑更多，懂得隐忍和以大局为重，励精图治；然而为了满足心中恶魔的欲望，她也不遗余力地在腐败的大道上前行。其中，最有代表性的就是她为了登上权力顶峰，不惜大开杀戒，不择手段铲除异己，而不管他是否对国家、民生建设有利，反正谁反对她就灭谁。这般成魔般的杀戮，最终发展出一段酷吏时代，成为当时的政治恐怖，引起许多官员的深深忧虑与不满。

另外一个腐败的现象是，武则天效仿男性帝王宠幸嫔妃，也大兴男嫔妃，就是男宠。甚至有野史记载，武则天还公开与多名男性欢好，不以为耻。若说武则天有意要冲破男尊女卑的旧道德约束，反传统礼教，并且适可而止，这是进步的地方。然而她的出发点并非为此，且已经逾越了社会道德伦理的底线，达到了无耻的境地。

这种情况虽然在政治稳定之后有所改变，特别是她以酷吏治政颇有成效后又一手推翻酷吏政治，使武周后期的政治氛围轻松了许多，逐渐回归到正常。然而，积重难返，反对她的声音和势力从未消亡，她所犯下的过错、铸成的腐败根基已经造成严重后果。特别是结束了酷吏时代后，她自我感觉良好，不但没有好好珍惜好不容易得来的稳定政局，反而加大私生活的腐败，开始贪图享乐，让男宠插足政治，又将政坛搅得混乱不堪。

武则天暮年最宠爱张易之、张昌宗兄弟，以至于把他们安插在朝廷，二人陷害宰相魏元忠，与诸多大臣结下很深的怨恨。还不止于此，武则天已逐渐昏庸，很多时候为男宠的谗言、美色所迷惑，失去了以前清晰的是非观念。根据史料的记载，就因为武则天的孙女永泰公主、孙女婿武延基，及其皇兄李重润（当时的邵王）在一起议论张易之、张昌宗兄弟，他们就全都被处死了。这和宦官当权、指鹿为马并无二类。这一事件成为了君臣之间关系紧张到极点的一个关键，也是后来神龙革命的一个导火线。

试想一下，就连武则天的亲属都不能幸免，照这样的形势发展下去，其他文武百官被张易之、张昌宗兄弟俩都残害至死的日子还远吗？

终于，文武百官蓄力而发，在神龙元年（705）正月，抓住了武则天重病在床的机会，绝地反击。当时，武则天病床前只有张易之、张昌宗兄弟服侍左右，宰相张柬之、崔玄玮，大臣敬晖、桓彦范、袁恕己等人，联合禁军统领李多祚，发动了一场“神龙革命”。武则天第四子，当时的相王李旦也率南衙禁兵加强警备，配合行动。他们发动兵变，由李多祚率领500禁军精兵冲入了武则天的寝宫，将张易之、张昌宗兄弟乱刀砍死，然后再趁势逼武则天退位，还位于李唐王朝的皇族。

事已至此，武则天再强势也束手无策，听由他们的摆布。最终，武则天被迫将皇位禅让给自己的三儿子李显，并于同年心有不甘地病逝。

相信大家都还记得，这李显曾在调露二年（680）被立为太子，并于永淳二年（683）末登基成为唐中宗。但在次年，他就被武则天废黜为庐陵王，居住在房州。现在，神龙革命又将李显推上了皇帝宝座，使他二度为帝。然而可惜的是，李显也是一个昏庸的君王，比之武则天要逊色太多，他一上台就立了韦氏为皇后，大封韦后之父为王，并让韦后参与朝政，对张柬之等功臣却不加信用。此外，李显还将韦后的女儿安乐公主嫁给了武三思的儿子武崇训。武三思是谁？他是武则天的侄子，被武则天封为梁王，也是一个弄权误国的角色。然而就是这样一个人，正好与韦后臭味相投，与韦后暧昧至极。

因此，虽然李显结束了武周时期，复辟了李唐王朝，并且百官、旗帜、服色、文字等皆复旧制，恢复以神都为东都。但是，实际上李唐王朝在他手上已然变成了韦氏集团的王朝，延续着武周后期的腐败、荒诞。

古语有道，子不教，父之过。这意思是说自己的孩子没有教育好，首先是父母的过错和责任。父母是孩子的榜样，父母怎样做，孩子就会耳濡目染学成什么样子。武则天弄权自专、腐败无度，无疑很好地被李显学到了。不过可悲的是，因为武则天作为母亲过于强势，造就了李显的懦弱，以至于虽然帝位在他手上，却先是受到母亲武则天的控制，后受到妻子韦后的牵制，空做一个傀儡皇帝。

成也腐败，败也腐败！武则天以暴制暴，因此起家并一手造就一股强大的腐败的恶势力，最终自掘坟墓，死不瞑目。而她的儿子也受此恶势力牵制左右，成为一个“政治上无所作为，生活上窝窝囊囊”的昏庸帝王，最终二度为帝不过五六年光景，年仅55岁就病逝，也是令人反思。

# 第四章 武三思:朝中有人好做官

武三思是武则天异母兄弟的儿子,在武则天当权时从右卫将军晋升为兵部尚书、礼部尚书。武三思是典型的功利主义者,为了获取利益什么事都会做。不仅对武则天的男宠献媚,对武则天更加百般讨好。他没有做出什么对国家有利之事,反而杀害朝臣,讨好能给他带来利益的人,做尽了献媚之事。后来,出于自身称帝的野心,武三思设计朝臣,争夺权力。他的野心、他的权势逐步变大,最终也因为他对权势的野心而死于政变。

## 第一节 封王受爵,极尽谄媚之能事

俗话说,一人得道,鸡犬升天,这话用在武则天家族上非常贴切。随着武则天日渐掌控朝廷实权,她开始给自己的娘家人造势并安插朝廷职务,同时也为自己积蓄和壮大力量。因此,她一方面不断铲除李家势力、排除异己,一方面则紧锣密鼓发展武家集团、提拔亲信,薛怀义、张昌宗和张易之兄弟、武三思、武承嗣等人,都是在这个时期飞黄腾达,并且异常飞扬跋扈的。其中,武则天的亲侄子武三思,就依靠着姑姑扶摇直上,先后担任右卫将军、兵部尚书、礼部尚书等要职,并监修国史。天授元年(690),武则天公开称帝,大封族亲,武三思就赶上了这加官晋爵的好机会,被封为梁王,赐实封一千户。

梁王是中国古代封建王朝的王爵封号之一,汉朝的彭越是第一个被封为梁王的人。之后,一共出现了约七十位比较有名的梁王,武三思就是其中一个,以恶名著称。武三思是武则天异母兄长武元庆的儿子,因此是她的侄子。出生在这样一个有强大靠山的家族,武三思从小就显露出双面人的性格:对于身份、地位、权势比自己低的人,就嚣张跋扈;对于身份、地位、权势比自己高的人,就极尽谄媚巴结之能事。这样一种双面性格,为他数十年来作恶多端、贪污腐败提供了相当的便利,但同时又埋下了自食恶果、不得善终的祸根。

武三思是如何谄媚、巴结他人,又对哪些人行谄媚之事的呢？对于武三思来说,甭说他被封王之后,即便是封王之前,在地位上能够和他比肩的就不多了。因此,武三思的目标就在于权力的顶端,即最高统治者:先是武则天,后是唐中宗李显。

武三思野心非常大,早在封王之前,他就在武则天耳边吹歪风,整天想着把谁干掉。这不,光宅元年(684),武三思就屡劝武则天先杀掉韩王李元嘉和鲁王李灵夔等人,以此帮助武则天翦除李唐家族势力。武则天一开始还有些犹豫不决,可是武三思比她还要坚定、狠辣,因为如果这些李家后裔不除去,那么他不断往上攀爬的阻力就大了很多。经过几年的处心积虑,一方面武三思不断给武则天洗脑(当然,武则天本身也有此想法),一方面则不断搜刮、制造韩王、鲁王等人的绯闻、政治是非。在这期间,越王李贞、琅邪王李冲等人实在不忍李唐王朝落入武则天手中,最终决定起兵反武。垂拱四年(688),武三思就抓住了这一点,构陷韩王、鲁王等人与越王、琅邪王等通谋,将他们赐死。这一年,距离武则天称帝只有两年,可以说,武则天能够顺利称帝,少了很多李家势力的阻挠,武三思"功不可没"。

在这一路上,武家为争夺帝位,朝廷政治动荡不说,奸佞横行如武三思之流,加速了武周王朝的腐败和瓦解。为了功名利禄,武三思根本不知何为廉耻,何为正义,只要能够帮助他获得当权者的青睐、宠信,他什么事情都干得出来。这不,武则天有一个癖好就是养男宠,像薛怀义、张昌宗、张易之等人,都先后成为武三思鞍前马后的角儿。

薛怀义我们在上一章节已经具体说过,他就是一个卖狗皮膏药的无赖，仗着有几分姿色和能说会道，被千金公主推荐给武则天，从此凭借着出众的服侍功夫成为武则天身边最受宠的男人。受宠到什么程度呢？他可以骑着马在街市上横行，伤人无数而无人敢管，简直就是无法无天。武三思是聪明人，他暗暗想：虽然自己贵为武则天的侄子，但是比起薛怀义这个不一样的"枕边人"，他的一句话可是抵自己十句话啊。既然这样，不去巴结他，还巴结谁？

他这一巴结可不得了，做得比奴仆还要贴心、恭顺，让薛怀义非常满意。武三思有一个堂兄弟叫作武承嗣，他也是武则天的亲侄子。两人在功名利禄的追求上同样非常痴迷、无底线，因此每当薛怀义骑马出宫时，人们就会看到武三思和武承嗣早早候在宫门口等着伺候薛怀义。只见他们满脸堆笑，哈腰点头，一人扶着马鞍，一人则手握马缰，嘴里柔声提醒："薛师傅小心，薛师傅小心。"卑躬屈膝之情让身旁的太监、奴仆看了都自愧弗如。

但武三思丝毫不顾他人非议。何况，他们都是武则天身边的红人，对于反对他们、议论他们的人，他们何曾饶过谁，谁敢在他们面前嚼舌根那是嫌命长！

薛怀义倒台之后，张昌宗、张易之兄弟成为武则天新的男宠，武三思的谄媚马上转向了张氏兄弟俩。一如既往，张氏两兄弟骑马乘车，武三思和武承嗣都会鞍前马后，争相配鞍、驾车和执鞭吆喝。他们这样做就是为了能够让张氏兄弟在武则天面前给他们多说好话，讨好武则天。

这是间接讨好武则天的方法，一方面既能够避免张氏兄弟对其产生猜忌、嫉妒和构陷（毕竟武三思是除了张氏兄弟之外与武则天非常亲密的族亲、朝臣），一方面又能够不断加强武则天对其的信任。此外，武三思也从来不放弃任何一个能够直接奉承武则天的机会，比如给她制造"天枢"，歌颂她的功德、智慧。

所谓的天枢，其实就是一根粗壮、高大的铜柱。为了打造这样一个庞然大物，武三思想尽办法搜刮巨额钱财，主要向那些往来洛阳的使节、商人进行强征、强捐，最终筹得"捐款"百万亿。但是这些钱根本用不完，也用不及，最终有多少落入武三思的私人腰包，无人知晓。人们只知道，在天枢建设正值高潮的时候，铜铁料的缺口很大，一时间连购买、运送都来不及，武三思就命官兵在民间强行搜刮，将农民的农具、器皿等生产、生活的工具全部无偿征调过来，直接投入铜铁料炼制中。因为这一工程，无数农民家破人亡，有田没农具耕种，生产、生活顿时陷入巨大的困境。最终历时近一年，耗费铜25万公斤，耗费铁165万公斤，终于把天枢给建起来了。要知道，当时全国一年的铜产量都不足16万公斤，这一根柱子可谓倾尽天下铜而成。

天枢立于洛阳端门之外，据记载天枢为柱状，建成后高约31.06米，直径约为3.55米，柱身八面，每面宽约1.48米。基层为周长50.29米的铁山，中部棱柱体环绕铜制的蟠龙、麒麟。顶部为腾云承露铜盘，直径约0.75米，上置四龙立捧火珠，高约3.33米。武则天自书其榜曰“大周万国颂德天枢”，柱身碑刻文武百官和臣服国酋长、国王的名字，武三思还撰写了歌颂的文章镌刻在柱子上。

天枢建成，武则天大喜，它成为了当时的重要政治符号。天枢位于皇城端门外，端门城门口经常张贴征兵令，城门两侧经常出现各种政令信息，因此天枢所在的端门城外既是信息发布平台，也是官民发表言辞的地方，成为武则天强硬政治姿态的象征物。现在人们看不到它的存在，是因为在天枢问世22年后，唐玄宗感到这对李唐王朝而言不是一个祥物，于是下诏完全销毁天枢，以至于出现“熔其铜铁，历月不尽”的奇观。

劳民伤财，破坏民生和正常社会秩序，这就是武三思极尽谄媚之事给当时人民带来的惨重后果。但是武三思却不仅从中中饱私囊，更得到了武则天的重用，甚至一度成为武则天立皇太子的重要人选。

“天下哪有立侄子为皇太子而不立亲生子嗣的做法？姑侄与母子谁更亲？况且，如果立武三思为太子，那么他届时成为天子后怎么可能将姑姑配享宗庙？太子是天下之本，臣以为非庐陵王不可！”狄仁杰直言相谏，武则天才打消了该念头，决心将庐陵王李显（唐高宗李治第七子，武则天第三子）立为太子。

由此可见，如果不是狄仁杰（当然还有其他一些忠直的大臣）据理力谏,武三思说不定还真有可能登上了权力的顶端,那么中国的历史也将更加曲折。然而令人感到吊诡的是,这个曾经和李显有着帝位之争的武三思,却在李显登基之后,同样成为得宠的朝臣。这可真有点厉害了,不过仔细一看这其中的因缘,又不奇怪了。原来,这还是武三思极度讨好武则天铺好的路子。

在李显第一次被武则天废去帝号遭受软禁时期,李显的妻子韦后生有一女。这时候李显家非常窘困,连一块尿布给这新出生的女婴都拿不出来。李显只好将自己穿的衣服脱下包裹,由此起名李裹儿。李显夫妇觉得孩子命苦,所以特别疼爱,视为掌上明珠。后裹儿十六岁时,由武则天做主嫁给武三思的儿子武崇训。李显复位后,裹儿被封为安乐公主,武崇训就成了驸马。这样一来,武三思不仅与武则天是姑侄,与李显是姑表兄弟,更与李显成为儿女亲家。李显二度称帝后,因为宠爱安乐公主,爱屋及乌,就对武三思前嫌不计,对他的重用不下武则天。

李显复位后做的最大的错误决定,估计就是重用和信任武三思了。李显有个妃子叫作上官婉儿,是上官仪的孙女,官封婕妤,专门掌管草拟诏令。李显对上官婉儿比较宠爱,但他却不知道是真不知,还是假装不知,这个上官婉儿也是一个“风流种”。为了获得权势上的地位,传说她在武则天时期就与其男宠张昌宗玩暧昧,同时又与武三思有私情。在李显称帝后,眼见韦后垂帘听政,代替李显掌管朝政,颇有“武则天第二”的气势,上官婉儿又转由讨好武则天为讨好韦后。为此,她把武三思引荐给韦后,使他们苟合成奸。

如此一来,武三思与婉儿、韦后皆有私情,私生活混乱不堪,而通过这层混乱的关系,武三思获得了韦后的信任,于是韦后不断在李显面前给武三思说好话,因此赢得了李显非同寻常的认同。凡朝廷大事,李显与韦后都会毫无顾忌地与武三思商讨。只要武三思三天不进宫,李显就会觉得不自在。在李显心中,武三思成为了他独一无二的心腹。这为武三思后来真正权倾朝野,夺取朝廷重臣的大权提供了得天独厚的强硬后台优势。而这,也为武三思到达权力顶峰之后迅速落败惨死于政变埋下了危机。可见，腐败，从来毫无例外都会以悲剧收场。

## 第二节 大进谗言杀害朝臣

武三思为非作歹，早就恶贯满盈、恶名远扬，尤其是他诬陷韩王、鲁王等人，与韦后、上官婉儿等淫乱的诸多事情，都让人愤恨、不耻。很多人都希望把他除掉，无奈武三思先被武则天维护，后又深得昏庸的唐中宗李显的支持，以及韦后的宠爱，人们根本无从下手。这就使得武三思更加有恃无恐，要是看谁不顺眼，在李显耳边献上一句谗言，那人就要倒霉了。

尽管如此，朝廷中还是有人要"逆势而为"，想把昏庸的李显点醒，想为好不容易失而复得的唐王朝贡献忠心。这人就是素来颇有正义感的王同皎，李显的一个女儿——安定公主（非韦后所生）的驸马。王同皎对于武三思的所作所为和李显所面对的危机痛心疾首，于是他思忖良久，决定联合同样有着匡扶社稷之心的张仲之、祖延庆、周憬等人，密谋除掉武三思，为大唐社稷除害。

"武三思这淫臣贼子，不除掉他，天永远都是黑的！我们这次计划无论如何，一定要坚决地执行下去。"

一天，王同皎正和张仲之等人部署不久后如何杀掉武三思的计划，却不料隔墙有耳，被一个忘恩负义的二百五给偷听了去。这人是谁呢？说起来，他在当时的文学圈内颇有一番诗名，好些诗还流传到现在。他就是诗人宋之问，同时又是一个人品极差的人。也只有这样的人，才能够在被主人家收留的情况下，不是想着如何回报和感恩，而是抓住主人家的把柄，要置其于死地。

要说这宋之问，确实就是一真小人。他因为曾谄媚张昌宗、张易之兄弟，二张被杀后遭牵连流放岭南。在流放途中，给他抓住机会偷偷潜逃回了洛阳。王同皎看他是一个诗人，诗作有一些艺术水平，于是起了怜悯之心，虽然知道他人品不好，却没想到他会坏到见利忘义，一点感恩之情和基本的是非判断都没有。王同皎好心将他收留在府中，不料引狼入室，为自己招来了杀身之祸。宋之问自己没有亲自去告状，而是让其侄子宋昙暗中向武三思告密。

宋之问这样，一来是保护自己，万一自己的侄子被王同皎发现了，那么他可以推得一干二净；而告状成功了，他也可以将功赎罪，以后就不用四处躲避，还能够得到武三思的赏识，说不定可以升官发财呢。

武三思得到了宋昙的密状，忽然心生一念：我正好借此除掉他们，看以后还有谁敢自寻死路，来问我的不是！

于是武三思就指使宋之问的外甥李悛上书李显，诬告王同皎等人“谋杀武三思后，将拥兵至皇宫，废黜皇后”。

武三思果然是老奸巨猾，和宋之问一样都是懂得趋利避害的“聪明人”，自己在幕后指使，而让其他人去打前锋告状。当然，他也是拿捏准了李显的脾气和性格，一招就将王同皎等人置于死地。

李显沉迷于美色和武三思的谗言不是一天两天了，这会儿忽然听见自己的女婿竟然敢杀害自己的宠臣武三思，而且还要谋害自己的爱妻韦后，那是何等的震惊和怒不可遏啊。这两个人可是他的手心手背和左右臂啊，怎容他人轻易割去！

“来人，给我把王同皎的院子包围了，一定要活捉王同皎、张仲之等密谋造反的叛贼，朕定要定他们一个死罪！”

可惜一代忠臣王同皎、张仲之等人，正满怀希望要给唐中宗李显守住李家王朝，却落得这样的下场。他们都来不及反应，因为根本就没有料到那个写诗的宋之问竟然会将他们送上断头台。可是事已至此，王同皎、张仲之反而并不慌张，面对刑罚和突如其来的变故，他们大义凛然，神情自然。王同皎在接受酷刑处死的时候，始终没有表现出一点畏惧与绝望。相同的，张仲之在严刑拷打面前没有一句求饶，手臂被打断都不喊一声。两人的遭遇很快传遍城里，周憬知道自己将会是下一个被严刑处死的人，于是跑到了比干庙中，对来庙中祈祷的信众说：“比干是古时候的忠臣，现在他化为神明，一定能够知道我周憬的耿耿忠心。你们听我说，武三思那乱臣贼子与韦后淫乱，危害大唐的社稷，不久之后我必然会被砍头，然后尸体被丢弃于刑场那荒郊野地里。你们可以把我的头悬挂在城门上，我要亲眼看到他们身首分离，被抬出城门外。”说完，周憬大喝一声拔剑自杀身亡。在场的民众无不动容落泪。

然而他们没有想到的是，告密者宋之问并没有受到惩罚，反而因告密有功，武三思赏给他一顶纱帽，将功赎罪还不止，果然做了官，获得了武三思的赏识。而武三思并不满足于杀害王同皎几人，继续向更多的朝廷同僚下手。

之前被多次劝说、请求杀掉武三思的复国功臣张柬之、敬晖等人，见武三思日渐狂妄，杀害忠臣，终于改变了过去认为“武三思再也不会有多大作为”的想法，频频向李显进谏，请求杀掉武三思，以平民怨、以正朝纲。

李显不从。他最疼爱的女儿是李裹儿安乐公主，武三思是她的公公，同时又是自己的宠臣，怎么忍心去杀掉他呢！再说，李显虽然昏庸，却也清醒地知道自己徒有皇帝之名，而无皇帝之实，实权都握在了韦后的手中，自己即便要除掉武三思，又怎么能够斗得过韦后呢！

在这种情况下，李显就很被动了，任由武三思和韦后继续作恶。张柬之见劝说李显诛杀武三思没有希望，于是就希望李显能够削减其权势，让他没有作威作福的能力，于是非常恳切地进谏：“陛下，请您想想当年天后当权时李氏宗室被诛杀殆尽的情景。幸得天地之灵，先皇庇佑，陛下终复得帝位。但是武氏子弟却仍旧以王爵官居要职，和天后称帝时并无二样。这样恐怕不利于李氏宗室，也有违天下百姓忠君之心，臣恳请陛下能够对他们削官降爵，以平民愤，以遂民愿。”

可是他的谏言显然没能引起李显的重视和感同身受。他不知道是有意要忘掉过去的种种不幸，还是像扶不起的阿斗那样“乐不思蜀”，总之完全不理会削减武氏子弟，特别是武三思等人官爵的建议。张柬之愤慨不已，却束手无策，只能悔恨当初没有听从其他人的建议，早些除掉武三思等奸臣。

而另一边，武三思早已听到风声，对于张柬之等人的举动和李显的反应了如指掌。

“哼，我没有主动去找你们，你们倒想来杀了我，看来是活腻了！”

武三思心中暗喜，既然你李显对我如此袒护、信任，那我就正好借你之手将他们一一铲除，以绝后患。因此，不仅对于这五个复国功臣，对于其他所有反对他的人，武三思都眼疾手快，逐一将他们或贬职、或杀害。比如，曾经为张柬之等人起草、宣读削弱武氏子弟权势文件的中书舍人岑羲、偃师构，都被武三思贬官他处，远离朝廷中心。这样一来，只要武三思仍旧把持朝政权势，他们就再难成为京官阻碍武三思的“好事”了。

而对于勇于揭露武三思父子恶行的朝官韦月将、高轸等，武三思恨得咬牙切齿，想要把韦月将处死，另外把高轸流放岭外，也就是现在的岭南地区，当时的南蛮之地。他想把所有反对他的人都统统铲除，可是偏有许多不畏强权的朝臣站出来，黄门侍郎宋璟、大理卿尹思贞就极力反对武三思提出的处置方法。于是，武三思把矛头一转，将他们一个贬为贝州刺史，一个贬为青州刺史。而对于附和、谄媚他的那些官员，则重用、提拔，作为自己的亲信培养，如侍御史周利用、冉祖雍，太仆丞李悛，光禄丞宋之逊，监察御史姚绍之等五人，常为武三思耳目，时人称之为“三思五狗”。

当皇帝的没有皇帝样子，当皇后的不仅没有母仪天下，反而与朝臣淫乱、图谋不轨，当臣子的弄权专政、专营私利，其腐败可见一斑，其危害不言自明。

## 第三节　野心勃勃夺权害命

顺我者昌逆我者亡，武三思残酷的反扑进攻开始了。身边的障碍都清除得七七八八，剩下的都不足以反抗他，唯独张柬之等五大复国功臣有些威胁力。不过武三思却有恃无恐，他亲信越来越多，自己在朝中又有韦后等人撑腰，加上李显对韦后忌惮，对自己也多言听计从，要铲除他们几个也并不是难事。因此，武三思的反扑，不仅仅是要把他们赶跑，更要把他们赶尽杀绝。

一个政权的腐败，就在于统治者不作为，还任由其亲信胡作非为，让腐败者大行其道，而令真正关心社稷民生的朝臣受到打压乃至陷害。著名的政治家、刘备的军师诸葛亮，曾经在出师伐魏前写下一篇脍炙人口的《前出师表》给刘禅。在其中，他道出了一个天下兴颓的秘密："亲贤臣，远小人，此先汉所以兴隆也；亲小人，远贤臣，此后汉所以倾颓也。"这话的意思简单来说，统治者如果能够信任、亲近贤臣，那么国家必定兴隆久安；如果亲近小人，那么就会衰颓。两汉前期，统治者都是亲近贤臣、远离小人的典范，因此那时候出现了国泰民安的景象；而两汉后期，统治者反过来，对于贤臣不闻不问，亲近小人，还任由小人驱逐贤臣，所以就衰落，并很快灭国了。李显的统治及其统治下的政治腐败，无疑就是"亲小人，远贤臣"的真实写照，是两汉后期历史的再现。

武三思就是这样一个带坏皇帝、败坏社稷的真小人，与皇帝的妻妾私通、乱搞男女关系不说，更可恨的是他不择手段铲除异己，杀害了很多朝廷重臣。野心勃勃的他在武则天时期拼命想成为太子不成，就在李显时期成为万人之上的恶魔。这不，他将一把大刀伸向了帮助李显复位的新任宰相敬晖、张柬之、桓彦范、袁恕己、崔玄晖等五人。

与此同时，武三思朝中有人，最得力的就是韦后，她成为了武三思铲除五人的最强内应。韦后经常在李显面前败坏他们名声，力图加害。张柬之等人其实也很畏惧武三思的谗害，可是又不能和他同流合污，只好一方面劝说李显杀了武三思，一方面又派出考功员外郎崔湜作为自己的耳目去打听武三思的动静。不过他们找错人了，这个崔员外郎虽然平时好像对武三思颇有怨言，但骨子里却是一个势利的墙头草，当他看到李显对武三思的信任远远大于张柬之等人时，他就"变节"了，由反对武三思变成了武三思忠实的走狗。张柬之等人万万没有想到，他们派出去的间谍，竟然被反间了，非但没有从崔湜那里获得有用的情报，反而己方所有的秘密都被他出卖给了武三思。

崔湜很快因此获得武三思的推荐，以中书舍人的身份做了李显的近臣，成为武三思安插在李显身边众多棋子中的一颗。可见此时李显统治下的政治腐败越来越难以控制，朝廷笼罩在腐败的阴云下进退不得，武三思的腐败网络却越织越大，吸引了众多鼠蛇之辈前来投靠。郑愔原来被张易之兄弟推荐成为殿中侍御，后来因为张氏兄弟失势而被贬为宣州司事参军,他在宣州贪赃枉法,怕事情败露,就投靠武三思作为他的新靠山。

这是一个非常圆滑的心机男,他见了武三思先是大哭,尔后大笑,弄得见惯了世面的武三思都不明就里。

“大人,我一开始见到您大哭,是为您难过,因为您将可能遭到诛杀和灭族。但后来又大笑,是因为您终于得到了我郑愔。”

“这话怎么说?”武三思更奇怪了,还没有人敢在他面前说如此晦气而又狂妄自大的话。

“大人,说句实话,您虽然有皇帝宠信,但是张柬之等五人掌管着将相大权。大家都知道,他们恨不得除掉韦后跟您。他们联合起来除掉韦后其实很容易,韦后的权势比您还大,那么韦后一旦失势,您就势单力薄,还能处之安然吗?因此我为您难过,如果您不先下手为强,将后患无穷。”

武三思一听,这不正一针见血,击中自己的心头之痛吗?又是一个善于弄权和唯利是图的知音,武三思暗喜,马上扶起郑愔,请他到密室中详谈。

“依你之见,我要如何才能除掉这五人?”

“明修栈道,暗度陈仓。”郑愔献上一计,“您可以向皇上建议,因为他们有拥戴复位之功,因此封其为王,而实质上夺其实权,让他们有名无权,您再……”

武三思大喜,一点即明,马上将郑愔引荐为中书舍人,与崔湜一道成为自己的心腹。而他则联合韦后,加紧诋毁张柬之等人,说他们自以为拥戴有功就居功自傲,况且手握实权恐有后患之忧。李显耳根子软,而且对韦后和武三思向来言听计从,遂对张柬之等人心生嫌隙,与之疏远。见李显中套了,武三思趁热打铁,按照郑愔说的,建议他封这五人为王,同时削去他们的大权,让他们提早告老还乡。

这一招也是够阴的,表面上和后来的宋太祖赵匡胤杯酒释兵权类似,但实质上不同。杯酒释兵权,赵匡胤将军政大权都握在自己手中,而且善待了被削权还乡的开国功臣。这是政治比较清明的统治者的做法,但是李显“封王释相权”,却是把功臣推向火坑,同时将大权交给了佞臣。前者是

巩固国家政权,维护国家安稳,后者恰恰相反,是不顾国家社稷与民生利益,将腐败推进更深的地步。于是,李显一道诏书下达:

封张柬之为汉阳王,敬晖为平阳王,桓彦范为扶阳王,袁恕己为南阳王,崔玄玮为博陵郡王。同时,免去他们"知政事",亦即宰相参政的权力,只需于每月初一、十五两日入宫朝拜,并赐予金银绸缎及鞍马。

表面上看,这是多么风光的事情,晋爵外加厚恤,让不明就里的人羡慕不已。但只有他们自己知道,佞臣当道,大势已去,死当不远矣。

赶尽杀绝,不留后患,这是佞臣一贯的手法。为预防他们五人做最后一搏,趁每个月两次入宫朝拜的机会对自己进行反扑,武三思开始陈仓暗度三步骤。

首先,他表奏朝廷(实际上韦后掌管大权),将五人调离京城,杜绝其与李显每月两次见面的机会。这道调令实际上是韦后口谕,上官婉儿草拟,可以说是自己人所为,因此可以对其随便调动,毫无阻力。张柬之被调为襄州(今湖北襄樊)刺史,敬晖为朗州(今湖南常德)刺史,桓彦范为亳州(今安徽亳县)刺史,袁恕己为郢州(今湖北京山)刺史,崔玄玮为均州(今湖北丹江口)刺史。

走完这一步,武三思基本完成了夺权。接下来就是诬陷,为第三步斩草害命做准备。诬陷害命,是紧密相连的。武三思的第二步棋,就是指使郑愔诬陷张柬之等人是王同皎的同谋,说他们想要废黜韦后,于是又将五人贬谪到离京城更加遥远的蛮荒之地,亦即今天的两广及海南地区。张柬之被贬为新州(今广东新兴)司马,敬晖为崖州(今海南岛北部)司马,桓彦范为泷州(今广东罗定)司马,袁恕己为窦州(今广东信宜)司马,崔玄玮为白州(今广西博白)司马。

第三步,武三思决定斩草除根,要他们的性命。为此,武三思先是暗中令人在市井之中散布谣言,派发写有韦后污秽行为,请求废黜皇后封号的传单,然后又故意令人把该风声传到李显耳中。

"大胆!"李显闻之盛怒,"御史大夫李承嘉听命,朕令你彻查此案,揪出背后主谋,一律严惩不贷!"

李承嘉同样是武三思的人，最终调查的结果当然是将矛头指向了事先设计好的张柬之等五人。

“陛下，这五人定然是因为遭贬谪而心存怨恨，他们表面上要废黜皇后，实际上是想借此麻痹陛下，借此故技重施阴谋逆上，篡权夺位。依臣之见，诛杀之以绝后患。”

这话正戳中李显的隐痛，他能复位重新当上皇帝，就是靠了这五人逼退武则天才实现的。如果他们再施此技，自己就难保其位了。不过，李显想到这五人都持有免除死刑的丹书铁券，于是决定将他们流放到蛮荒之地。他们原本就已经被贬谪到了蛮荒之地，这次流放基本仍在现在的两广与海南地区，不过是欲加之罪，并且让他们疲于调动而已。张柬之被流放到泷州，敬晖被流放到琼州，桓彦范被流放到瀼州，袁恕已被流放到环州，崔玄玮被流放古州。此外，他们的家人也受到牵连，家族子弟十六岁以上的全都随之流放到这些蛮荒之地。

至此，五人已无翻身的余地。可是武三思仍旧不死心，其谋士崔湜为讨好他，献出最后一招必杀技——派遣使者假传圣旨，将他们全部杀死于途中。武三思胆大包天，此计正合其意。崔湜便推荐他的表兄大理正周利贞承办此事。

武三思将想法与韦后一说，两人一拍即合，即刻命令上官婉儿草拟假圣旨，让周利贞以代理右台御史的身份前往岭南地区谋杀五人。张柬之、崔玄玮因为年老体衰、心力憔悴，一个还未出发已经死了，一个则死在了流放途中。两人不幸中的万幸是没有遭受周利贞的迫害，但是剩下的三人就一个比一个死得惨烈。桓彦范在押往瀼州流放的途中被周利贞追上，并遭到在砍伐的竹桩上拖着走，肉被竹桩刮去，露出骨头，最终被乱棍打死的残酷折磨。敬晖则被刀剐而死，其状就跟受了剐刑一样，更加残忍。袁恕已则被强行灌下野葛藤汁，因此腹痛倒地，十指抓土磨得鲜血淋漓，状如遭受地狱之苦，最终被竹板活活打死。

至此，野心勃勃阴谋夺权的恶毒政治大戏终于演完了。纸上说来虽则区区数千字，却已令人胆战心寒，更何况亲身经历、遭此厄运！朝廷的腐败，君臣的同流合污，官场、事态的极度扭曲与黑暗，真是让人倒吸一口凉气，难以置信。

然而，这一切，只不过是当时官场怪相的冰山一角……

## 第四节　作恶多端死于政变

都说朝中有人好做官，武三思先是仗着与武则天的姑侄关系踏入官场，并一路平步青云，然后又对武则天男宠薛怀义、张氏兄弟溜须拍马，进一步赢得武则天欢心，官封梁王，爵加一等，还差点因此成为太子，登上权力的最高峰。神龙革命之后，武三思又借着与李显的兄弟情义、亲家关系，受到李显的重用、宠信，权势更进一步，并且与韦后、上官婉儿等皇帝后宫保持混乱的男女关系，里应外合，不断铲除异己，制造了很多官场黑暗和惨剧，踏着同僚的尸首架空朝廷，成为只手遮天的政治恶霸。似乎，天下就在他的眼前，伸手可夺。

然而，古人有云，“多行不义必自毙”，意思是一个人如果做多了坏事就会自食恶果，用在政治上来说就是，贪污腐败从来不会有好果子吃。像达到权力的顶峰，天下唯我独尊的武则天，也最终因为政治革命被拉下了帝王之位，最后郁郁寡欢，悲惨病逝。武三思在铲除了王同皎、张柬之等人之后，无疑是登上了为人臣子的权力最高峰，而且权高盖主，一时间叱咤政坛，无人匹敌。然而他所取得的一切，都是通过歪门邪道而来的。

邪不胜正，作恶多端必有恶报。之前那么多朝臣都败在他的魔手之中，但是这一次，他却难逃死劫。真是机关算尽太聪明，终误了卿卿性命。

事情是这样的，武三思作恶多端多年，反对他的人从来都不曾减少，只是没有一个厉害的角色敢于公然拿起武器将他了结。而太子李重俊，则成为了勇诛奸佞的第一人。

李重俊虽然贵为太子，但是因为并非韦后所生，素来受到韦后的猜忌以及武三思父子、安乐公主等人的谗害。韦后自是不用说，唯一的儿子邵王李重润(曾被立为皇太子)被武则天听信谗言杀害后，剩下的几个女儿无法继承皇位，因此只能看着皇位旁落继子李重俊，安能对他不猜忌？虽然她也很想效法武则天，终究是技逊一筹没能得逞。而其亲生女儿安乐公主也曾想争夺太子之位，想自立为皇太女。可以说，母女俩都想效法武则天，羡慕嫉妒武则天的能耐和达到的高度，李重俊成为了她们登上权力顶峰的极大阻碍。对此，安乐公主不仅接受武三思父子的建议，在李显面前多次诽谤、谗害李重俊，还自恃为韦后所生，经常当面羞辱李重俊，称呼他为奴仆。

李重俊天生就是一个胆大而不受礼法约束的人，对于韦后、安乐公主和武三思父子的屡次迫害，最终实在忍无可忍，决定破釜沉舟，发动政变。因该政变发生在景龙元年(707)七月，史上称之为“景龙政变”。

当月，李重俊联合一众早就对武三思极度不满的大臣，如兵部尚书魏元忠、左金吾大将军成王李千里、左羽林大将军李多祚、右羽林将军李思冲、李承况、独孤祎之、沙咤忠义等人，率领左右羽林兵及千骑三百余人发动兵变。李重俊率领兵变将士率先冲进武家。对于李重俊和天下百姓而言，朝廷和人民最大的祸害还不在于韦后，而是武三思。如果没有武三思利欲熏天，在背后草菅人命，哪有那么多政治腐败和黑暗，民生又怎么会因此受到严重影响。韦后只不过是武三思借机幻想接盘朝政的一枚棋子罢了。

奸佞把持朝政，如果让其任意妄为，历史证明必然会祸国殃民。身为太子，皇位和大好江山的未来继承者，李重俊怎么能够容忍如此受人牵制、羞辱和威胁呢？破釜沉舟，不成功便成仁，李重俊怀着宁死也要与之同归于尽的决心，冲进了毫无准备的武家，手起刀落，将武三思和武崇训父子就地正法。同时，其党羽十余人也被诛杀消灭。

按理说，武三思横行官场数十年，害人无数，杀人无数而不受其害，必然有着极高的警惕性与驾驭之术，为何最后会被李重俊轻易取其性命呢？况且，武三思向来十分忌惮李重俊，一直都设计怂恿儿媳安乐公主与其争权夺位，断然不会轻易被其杀害于家。

然而事实却是，武三思在消灭了诸多反对他的人之后，心理已经开始不断膨胀，做事情变得肆无忌惮，很多时候连李显都不放在眼里。加上韦后、上官婉儿、安乐公主都为自己所利用,李显又是昏庸帝王,他身边的三个女人随时都可以利用他的名字颁布假圣旨做坏事,而这些阴谋的背后主使基本都是武三思。说白了,虽然武三思没有"皇帝"之名,却有其实权,并且十分精通驾驭权力之法,天下很少有他不能办成的事情。如此一来,数十年的官场得意,年龄渐渐增长,就变得放松了警惕,不把一个冲动、毫无章法的小子放在眼里。而李重俊正是利用了这一点,杀了他个措手不及。

在杀了武三思父子及其重要心腹之后,李重俊一不做二不休,直奔皇宫,想要将韦后、安乐公主和上官婉儿一并歼灭。可惜的是,功亏一篑,面对李显"升官加薪"的许诺,李重俊手下的士兵临阵倒戈,在玄武门楼下将李多祚和李承况、独孤祎之、沙吒忠义等将领杀害。敌众我寡的李重俊最终不得不往终南山逃去,并最终在林中休息的时候被亲信杀死。李显割了他的脑袋去武三思、武崇训的灵柩前祭祀。

且不说李重俊最后追杀韦后和李显有篡位的嫌疑,但就诛灭武三思父子而言却是名副其实的为朝廷和民众除害。李显昏庸到用其脑袋祭祀武氏父子,其腐败无能已病入膏肓无药可救。

三年后,即景龙四年(710),李显病逝。李旦的第三子临淄王李隆基联合其姑母太平公主,交结禁军诸将葛福顺、陈玄礼等,率兵诛杀了韦后、安乐公主,并剿灭韦、武子弟,清除了两系势力,最终迎奉李旦为帝。至此,外戚和佞臣专权的李唐王朝才又复归本主,李旦即位,是为唐睿宗。

唐睿宗即位后,为李重俊平反,追赠其为皇太子,谥号节愍,陪葬定陵。并且,对于一生作恶多端的武三思、武崇训,唐睿宗李旦最后将其斩棺、暴尸、平坟。不得善终,遗臭万年,也算是对其一生腐败的最大惩罚。

# 第五章　唐玄宗：若无朝廷腐败，安禄山岂敢造反

唐隆元年(710)六月庚子日申时，李隆基与太平公主联手发动"唐隆政变"诛杀韦后。先天元年(712)李旦禅位于李隆基，赐死太平公主，李隆基取得了国家的最高统治权，于长安太极宫登基称帝。前期注意拨乱反正，任用姚崇、宋璟等贤相，励精图治，他的开元盛世是唐朝的极盛之世，在位后期宠爱杨贵妃，怠慢朝政，宠信奸臣李林甫、杨国忠等，加上政策失误和重用安禄山等塞外民族将领试图来稳定唐王朝的边疆，结果导致了后来长达八年的安史之乱，为唐朝中衰埋下伏笔。

## 第一节　拨乱反正创开元盛世

唐朝皇帝中比较为人熟知，而且有一番建树(当然争议也很大)的除了开创贞观之治的唐太宗李世民，中国第一个也是唯一一个女皇帝武则天，再就是开创开元盛世的唐玄宗李隆基了。他起于唐朝政治相对混乱的时代，但同时也为后世留下一个混乱的烂摊子。

用现在的眼光看，年轻时候的李隆基是标准的小鲜肉，而且才貌双全，智勇兼修，是自李世民以后，李唐王朝许久未有过的一个魄力与智谋兼得的十分难得的李氏后代。他的父辈人物，几乎都在武则天的强势盛压之下性格孱弱，俨然扶不起的阿斗。而李隆基小时候就自况为"阿瞒"，自比为三国时期的枭雄曹操，胸有大志而胆魄过人。在他所处的年代，父辈帝王

基本都是傀儡，政权旁落外戚和奸佞手中，政治混乱无序，李隆基作为李氏后人，暗暗立下誓愿，要在这混乱中像曹操阿瞒一样破势而出，建立新的秩序，成为一个有别于父辈的天子。

一颗伟大的理想种子种在了李隆基小小的心中。七岁的时候，一天，李氏子弟在朝堂举行祭祀仪式，不知道怎的李隆基的近身侍卫得罪了当时的金吾大将军（掌管京城守卫的将军）武懿宗。武懿宗本身就是一个暴脾气，又欺负李隆基不过是一个几岁的毛头小孩，于是全然不顾"打狗还需看主人"的古训，当着李隆基的面就大声谩骂他的侍卫。

"大胆，这里是我李家的朝堂，你有什么资格不问过我就这样训斥我的护卫？"小小年纪，李隆基就懂得维护家族的声誉和尊严，全然不怕武懿宗，反而怒目而视，拂袖而去。武懿宗当时也是惊呆了，完全没有想到自己竟然被一个乳臭未干的黄毛小子狠狠地训斥了一番。要知道，武懿宗好歹是堂堂大将军，这李隆基虽是当时正统的李家子嗣，但在武则天掌权时期，哪里轮得上李家子弟在武氏高官面前如此声色俱厉地反驳！

可见，李隆基从小就胆识惊人，有着天然的帝王之风。后来，李隆基先后被封为楚王和临淄王。景龙二年（708）四月，李隆基二十三岁，兼任潞州别驾。二十出头的年龄，正值大展身手的最佳时期。两年后，二十五岁的李隆基从潞州返回长安，暗中招兵买马，将自己招募来的勇士安插在皇帝的万骑亲军中。就在李隆基布局的同时，韦后与安乐公主已然掌握了朝廷大权，她们都野心勃勃地想要成为武则天第二。特别是韦后，不仅将大权交到自己的哥哥手中，更与武三思淫乱，里应外合铲除异己，架空朝廷。他们的那点心思，可谓司马昭之心路人皆知。

这一年，李显去世，李隆基知道机会来了。他不等韦后出手，而是决定把握时机先发制人。他知道，这些年已经有许多朝廷重臣和李氏子弟被他们谋害了，如果不趁此朝廷易主的机会赶快下手，那么自己将来必然也会被他们铲除。

七月廿一夜，李隆基迅速发动政变，同谋者有姑姑太平公主，太平公主的儿子薛崇简，苑总监钟绍京，万骑果毅李仙凫、葛福顺、陈玄礼等人。是夜李隆基一声令下，葛福顺率先突袭羽林营，并且成功策反了羽林军，攻入玄德门。而这一边，李仙凫亦引兵攻入白兽门。两军在三更时分成功于凌烟阁会师。此时，宫里的武力基本都被控制了，见状，李隆基率领第三军涌入，策反守卫内宫的武士，诛杀韦后及其外戚、党羽。一夜之内，韦后、安乐公主、武延秀、上官婉儿等韦氏集团的重要首领都被杀死，并且在全城中搜捕韦氏集团人员，一经发现即处死。

次日，李隆基联合姑姑太平公主逼迫李重茂禅位于李旦，是为唐睿宗。经此政变，李隆基被改封为平王，兼殿中监，同中书门下三品，兼押左右万骑。随后不久，被立为太子。这让太平公主心中不爽，因为这位姑姑有着自己的小九九，她心中有了太子人选，她也想学着武则天、韦后等人那样操控天下（武则天真是带了一个坏头，在她之后的许多内宫主子们都想干预朝政，做皇帝）。李旦当然和自己的儿子一条心，于是帮着李隆基上位，先是册封他为太子，随后又命令他监国，凡国家大事需要商量的都与他商榷。做了两年皇帝后，先天元年（712）七月，李旦见时机成熟，也不想让太平公主再像此前的韦后一样惹起政变，赶紧禅位于太子。李隆基在名义上成为了一国之君，但实际上李旦掌握着朝廷三品以上官员的任免权和军政大事的决定权。

这一来，太平公主见自己的阴谋不能得逞，果然再次发动兵变，策反了窦怀贞、岑羲、萧至忠、崔湜、太子少保薛稷、雍州长史新兴王李晋（唐高祖堂弟李德良之孙）、中书舍人李猷、右散骑常侍贾膺福、鸿胪寺卿唐晙、左羽林大将军常元楷、知右羽林将军事李慈、左金吾将军李钦、胡僧惠范等诸多朝廷重臣一起造反。太平公主一方面暗中给李隆基的饭菜下毒，一方面又打算起兵夺权，双管齐下。

不过，李隆基也不是吃素的，太平公主有自己的势力圈子，李隆基也不赖，听到风声的他再次施展先发制人的策略，召集了弟弟岐王李范、薛王李业及郭元振、龙武将军王毛仲、殿中少监姜皎、太仆少卿李令问、尚乘奉御王守一（也是玄宗的内兄）、内给事高力士、果毅李守德等人，于先天二年（713）将太平公主的势力一网打尽，并最终不顾父亲李旦的免死请求，将姑姑太平公主赐死家中。至此,朝廷政权基本收拢到李隆基手中了。接下来要做的,就是大展身手,治理混乱、腐败的吏治。

这是长久累积下来的弊端,特别是从武则天酷吏时期到现在,历经了数代帝王,政治腐败已经让朝廷构架频频出现危机,因此才有了多次政变和兵变。这次,李隆基决心要好好大干一场,拨乱反正振兴大唐。

整顿吏治,首先就要选出一个合适的领头羊,也就是宰相。所谓上梁不正下梁歪,我们看武则天、李显掌权的时候,官员腐败的源头除了统治者本身然后就是宰相。武三思就是一个很好的反面教材。为此,李隆基决定从源头开始遏制这种政治、官场的腐败,在他的挑选下,出现了姚崇、宋璟、张说、张九龄等一众颇有作为的宰相。

这里还有个小故事:李隆基一开始要姚崇当宰相,他还不肯,反而跟李隆基谈起了条件,史称"十事要说"。但从这一件事情就可以看出,若姚崇不是故弄玄虚想自抬身价,那必然是有着真才实学和治国伟志的。那到底是哪十件事情呢?

这第一件是以仁义治国,学唐太宗的宽厚待民而非武则天的酷吏治政;第二件是不求边功,不急着开拓边疆,维护边疆的安稳;第三件事是法律面前人人平等,不能因为官大权大受到皇帝的袒护就不受法律制裁;第四件事是不准宦官干涉朝政,影响朝政的正常运作;第五件事是租庸赋税之外不收地方贡献;第六件事是皇帝的外戚不得担任中央机构的职务,以杜绝外戚当权的弊端;第七件事是礼待大臣,而不是亲小人远贤臣;第八件事是广开言路,准许大臣直谏而免于罪罚;第九件事是杜绝兴建寺庙道观,以正民风;第十件事是以史为鉴,不给予王侯过大的实权,以免重蹈历史上王侯逆上、夺权篡位的覆辙。这十条政治建议,历数了武则天、李显、李旦三位帝王执政时期的核心弊端,件件有的放矢,可见姚崇是真心希望在其位谋其职,为国为民作出一番事业。

这时期的李隆基也正是亲眼目睹了这二十多年的荒诞朝野,正想励精图治,因此毫不迟疑一一答应了姚崇的条件。在李隆基的统帅和姚崇的吏治管理下,朝廷风气为之一新,国家终于渐渐摆脱了光怪陆离的乱象,进入正轨。姚崇辅佐唐玄宗开创开元盛世，被称为“救时宰相”。只可惜，人非圣贤，他在极力推崇法治的同时，却也有打击政敌、拉拢集团的毛病，并且因为教子不严，其子姚彝、姚异借其势力招权纳贿，受到时人的非议。在这种种情况下，加上身体不是很好，姚崇自己申请辞去宰相之位，推荐了当时的广州都督宋璟继任宰相。

宋璟也可谓一代贤相，为人耿直，讲究原则，不仅严于律己和严格要求亲属，更敢于直谏，任人唯贤，而且为官清廉，决不徇私枉法。在他的管理下，政治清明更甚姚崇为相时。不过，他最后因为工作上的失误以及思想过于守旧、创新精神不够，跟不上时代要求而罢相。在他之后，著名的宰相还有文武双全的张说、广东人张九龄，这些人都为李隆基开创开元盛世立下了汗马功劳。

除了特别会识人用人，让宰相帮助自己整顿吏治之外，李隆基也亲自参与吏治的整治，主要有四个方面的措施。首先就是精兵简政，把多余的官员、机构统统裁掉、撤除。然后就是制定严格的考核制度，让官员接受民众的监督和举报。第三项就是恢复唐太宗时期制定的谏官和史官参加宰相会议的制度，让他们来监督朝政，避免宰相拥权自重。第四项就是亲自考核县令，然后根据考核结果任免县官。在李隆基看来，县官虽然是最基层的芝麻小官，但是千里之堤毁于蚁穴，正是因为他们官最小，却能直接接触百姓和民生问题，如果他们不能很好地履行职责，就无疑等于给朝廷抹黑。对于普通百姓而言，县令就代表了朝廷，因为他是官府里来的，官府就是朝廷用来管理一方的机构。可见，在李隆基统治的前期，他还是非常看重百姓的评价，很关心百姓疾苦的。这也就是他所以能开创开元盛世的根基所在。民为水，君为舟，水能承载舟，也能把它打翻，不重视人民力量的，只能以失败告终。历史上这么多次农民起义就是明证。

巩固好人民这个根本，再加上李隆基知人善用，精兵简政，花大力气整顿吏治，坐上皇帝宝座之后，李隆基终于拨乱反正，在执政生涯中干了一件大事，一件超越自己父辈、有利于民的大事。这件大事，就是开创了开元盛世，终于基本终止了多年来昏暗、腐败的官场环境，也给国泰民安带来了巨大的希望。开元十三年十月(725 年 12 月 16 日),因为开元盛世的功绩,李隆基受到了官民的一致拥护,百官极力要求他进行泰山封禅仪式。这对于李隆基来说,无疑是最大的肯定和赞誉。

## 第二节 沉溺于杨玉环的温柔乡中

如果唐玄宗能够一直这样励精图治,那么开元盛世必将会更加持久,也会将大唐的历史推向一个更高的台阶。然而,在取得了上述的一些功绩之后,唐玄宗还是没能善始善终。“红颜祸水”“饱暖思淫欲”,这几乎是每一位帝王由盛转衰的表现,聪明如唐玄宗也没能躲过这个怪圈。

古人总爱说“红颜祸水”,将一切的过错或者失败归根于女人身上。这话其实说得并不聪明,不仅妖魔化了女性,同时也将男性“色性”的一面放大。如果红颜真有那么大的本事,不过是反过来说男性的无能。红颜并不是祸水,国家的倾颓也不是一个红颜所能造成的,无疑,红颜祸水的背后反映出的就是男性的无能。都说杨玉环把唐玄宗拉下了马,却又不见柳下惠怀抱美人而不乱?可见,把唐玄宗拉下皇帝宝座,导致安史之乱的,正是唐玄宗自己。下面,我们就来随着他们的爱情故事,看看杨玉环的温柔乡是如何让唐太宗一步步堕落,最终差点断送了自己辛辛苦苦开创的盛世的。

杨玉环生于开元七年(719),一个宦门之家,高祖父杨汪是隋朝的上柱国、吏部尚书,父杨玄琰曾担任蜀州司户,叔父杨玄珪曾任河南府土曹。开元十七年(729),杨玄琰去世,此时杨玉环才十岁,被寄养在洛阳的三叔杨玄珪家继续学习音律文化和歌舞诗词。

开元二十二年(734),杨玉环十五岁,应邀参加唐玄宗的女儿咸宜公主在洛阳举行的婚礼。天生丽质的杨玉环在宴会中显得非常出众,一下子就被咸宜公主的胞弟寿王李瑁看中,娶为寿王妃。两人婚后非常相爱,如果没有三年后李瑁母亲武惠妃的去世,也许他们就会白头偕老。

武惠妃是唐玄宗的爱妃,她一去世,就让唐玄宗陷入了悲痛和抑郁之中。这时候,有好事者跟唐玄宗说,您儿媳杨玉环“姿质天挺,宜充掖廷”。

这意思就是说，杨玉环貌美如花，比之武惠妃是有过之而无不及，皇上可以将她纳入后宫之中。

唐玄宗本来就是个喜好美色的皇帝，一听有这么个美人，哪还有什么郁郁寡欢之情，很快就把她接进宫中，后来又以为玄宗母亲窦太后祈福为名，让杨玉环做了女道士，道号“太真”。

这是古代帝王的一个小把戏，当初武则天也是被迫出家一段时间，然后重返后宫的。这样一来，似乎就可以把老子抢了儿子的老婆的事实一笔勾销。唐玄宗的腐败从此就可见端倪。

果不其然，天宝四载(745)，唐玄宗终于等不及了。既然抢了自己儿子的老婆，就给他再找一个，而将杨玉环封为贵妃，杨玉环正式成为了自己的女人。又因为在王皇后之后再也没有立后，杨贵妃作为后宫之首，虽无皇后之名，却已坐实皇后之权。

自此之后，唐玄宗沉迷于杨贵妃的温柔乡中不能自拔，纵容杨贵妃干预朝政，发展杨家势力，加剧朝廷外戚干预政治的陋习，导致朝廷内外的腐败，以至于最后引发了安史之乱，使大唐开始由开元盛世转向了衰落。

很多人说是杨玉环导致了大唐的盛极而衰，但杨玉环及杨家的得势，根由却在于唐玄宗的骄奢淫逸，贪图享乐。只要唐玄宗在取得开元盛世的成绩之后走向骄纵，那么即使没有杨贵妃，也会有李贵妃、陈贵妃、王贵妃……

我们且看，在恢复了国力之后，唐玄宗的重心就不再是国计民生，而是个人享乐的腐败行为。古人没有现代人那么多的娱乐方式，而作为贵族，最喜欢的就是所谓高雅的歌舞了。唐玄宗尤其喜爱一些比较靡丽的歌舞，相传唐朝歌舞的代表作《霓裳羽衣曲》就是唐玄宗所作。他作好此曲后，就很高兴地要与杨贵妃分享，一边让乐工奏曲，一边赐给杨贵妃金钗钿合，并亲自给她插上，连连赞赏其美貌。

“朕能够得到杨贵妃，就好像获得了最珍贵的宝物一样。”可见唐玄宗之宠爱杨贵妃。人们常说爱屋及乌，唐玄宗就是这样，因为宠爱杨贵妃，对杨贵妃十分喜爱的白鹦鹉“雪花女”也疼爱有加。但很不幸，“雪花女”后来被老鹰啄死了，唐玄宗和杨贵妃知道后非常伤心，特地将它安葬在御苑中，称为“鹦鹉冢”。对一只鹦鹉尚且如此疼惜，对于杨玉环就更是无以复加。躺在了杨玉环的温柔乡中，唐玄宗开始变得腐败昏庸，朝廷重要岗位都让杨玉环安排了杨家人霸占着。

在俘获了唐玄宗的心之后，杨贵妃利用自己的权势给兄弟姐妹谋福利，比如将自己的大姐封为韩国夫人，三姐封为虢国夫人，八姐封为秦国夫人，每个月都赠送她们大量钱财，单是脂粉钱就各自十万钱。还有自家兄弟，全部都赠与高官厚禄。真是应了那句话，一人得道鸡犬升天。外戚干预朝政的腐败已然开始严重，最大的危害就是杨贵妃的远房兄弟杨钊(被赐名杨国忠)，从一个市井无赖成为了朝廷重臣，操纵朝政，专权误国，加速了大唐的衰落。关于杨国忠贻误大唐的事迹，后面将会有专门的章节描述。反正，唐玄宗左右，几乎无处不见杨家人的身影。历史记载，唐玄宗出游华清池的嗜好，就以杨氏五家作为随从队伍，每家一队，穿一色衣，五家合队，缤纷艳丽，好不威风。据说，出游队伍沿途掉落的首饰遍地都是，其奢侈、腐败令人咋舌。不仅如此，杨家还和皇族亲上加亲，两位公主、两位郡主都嫁入了杨家，唐玄宗还亲为杨氏撰写家庙碑，其风光一时无二。这让杨家人变得无法无天起来，收受贿赂那都是小事情，他们目中无人到竟连皇室都不放在眼里，受接待的规格也远远超过了当时的规定。《新唐书》中记载，唐玄宗的亲妹妹在杨贵妃三位受封的姐姐面前，都要谦卑地让座，而不敢就座。其势之大，超越礼仪，唐玄宗虽然口中不说，心里却是愤愤不平。

但是杨贵妃和杨家人却有恃无恐，才不管唐玄宗心里怎么想。杨贵妃在外要替自家人争权夺势，在内也要争宠，不允许唐玄宗与其他妃嫔走得太近，因此有了善妒的评价。她也因此曾遭到唐玄宗两次的遣散回家。《旧唐书》卷五十一记载“五载七月，贵妃以微谴送归杨铦宅”，“天宝九载，贵妃复忤旨，送归外第”。

不过，深入思考，唐玄宗两次遣归杨贵妃，也不只是因为她善妒，更是为了给不懂得收敛、欲望不足的杨家人一点下马威。然而这并没有吓唬住杨家人，因为就连唐玄宗也知道，他对杨贵妃的依恋，已经是无可救药一般了。因此，前脚刚送走杨贵妃，唐玄宗马上就后悔了，茶饭不思。最后还是很会察言观色的高力士将杨贵妃接了回来，唐玄宗才恢复“龙颜”。唐玄宗这点小心思，早就被杨贵妃和杨家人看穿了，因而包括杨贵妃在内的杨家人才敢于愈发骄纵，继续把持朝政，大搞腐败。“出入禁门不问，京师长吏为之侧目”，说的就是杨家人将皇宫当作自家一样，出入都无人敢阻挠的真实情状。

## 第三节　朝廷腐败引发安史之乱

因为迷恋美色，贪图享受，唐玄宗统治下的朝廷日渐趋于腐败。历史上就流传着一个著名的典故，唐玄宗为博杨贵妃一笑而千里送荔枝，这也直接促使一种荔枝从此更名为“妃子笑”。

故事是这样的，唐玄宗为了博得杨贵妃的欢心，每年到了荔枝成熟的时候，都要派专人到岭南地区采摘最新鲜的荔枝，然后通过无数个驿站，更换、累死多匹快马，经过几千里路跋山涉水将荔枝送到京城来。这成为了一项专差，往往上一个驿站的人马还没出发，下一个驿站的人马早就做好准备等候在路旁，一等来荔枝，就快马加鞭，风尘仆仆赶往京城，一刻不敢耽误。路旁的民众看到风驰电掣的官差和马匹扬尘而来，纷纷避让不及，不知情者还以为是发生了什么大事。他们哪里知晓，这不过是为了让杨贵妃品尝到最新鲜的当季荔枝罢了。

究竟，杨贵妃品尝荔枝时的神貌有多让唐玄宗心醉呢，我们无从知晓。但是从杜牧“一骑红尘妃子笑，无人知是荔枝来”这句诗中可以想象，杨贵妃看到唐玄宗派人从数千里外不分昼夜赶送荔枝到京城，心里也是有些许感动的。而这，正是唐玄宗想要的。男人们常对自己的女人说，你想要什么，不管是天上的月亮还是星星，我都会为你摘来。唐玄宗也是这种心思，虽然摘不来天上的月亮或星星，但是他的权势可以让他实现很多其他男人所不能办到的事情，比如荒唐的“千里送荔枝”。这对于杨贵妃而言是一种感动和虚荣，同样对于唐玄宗也是自我虚荣心的满足。而这份虚荣心，正是赤裸裸的腐败表现。

古人常说，能力有多大，责任就有多重。作为一国之君，唐玄宗的责任重于泰山，但他却忘乎其责，将精力和所谓的能力放在了享乐、博美人一笑这样的事情上，令世人寒心。而唐玄宗还将讨好自己内人这样的事情公之于众，更是大错特错。因为这不仅仅是唐玄宗炫耀爱情的私事，他动用的是国家力量，造成的影响是浪费公共资源，有损民生，并且起到了很糟糕的负面作用。朝廷上下、内外，看到唐玄宗如此宠爱杨贵妃，他们也纷纷巴结杨贵妃，向她进献许多奇珍异宝、甜言蜜语。杨贵妃对于那些能够讨得她欢心的贵族，都给予了封赏，并向唐玄宗吹枕边风，让他们加官晋爵的贪欲得逞。特别是后面章节所要讲到的杨国忠，官至宰相还身兼四十多职，真是前所未闻。杨国忠因此总揽朝政，无恶不作，将大唐当成了杨家的天下，最终加剧大唐腐败，祸国殃民，引发了安史之乱，葬送了自己堂妹杨贵妃的性命。

安史之乱始发于唐玄宗末年，其导火线就是杨国忠的专权误国，但是其深层原因却是唐玄宗贪图美色与奢侈享受下的腐败政治。因为唐玄宗只顾着宠信杨贵妃，朝廷权势都落入杨家。为了自保和升迁，安禄山只好向杨贵妃讨好，甚至拜其为母，希望从中捞到好处。然而，安禄山的算盘并没有如意，认来的亲哪里比得上血浓于水的血脉至亲！真正因杨贵妃受宠而得到好处的是杨国忠，而唐玄宗又十分信任李林甫。李林甫和杨国忠先后拜相，两人都是贪得无厌、排斥忠良的人，弄得朝廷上下怨声载道，朝政腐败。大多数官员都屈服于他们的淫威，在这种情况下，颇有政治野心的安禄山根本没有继续往上爬的出头之路。加上安禄山拥有十数万兵力，镇守边关，这引起了杨国忠的忌恨。杨国忠因此处处与其为难，这更加剧了安禄山的谋反之心。

公元755年12月16日，身兼范阳、平卢、河东三节度使的安禄山就趁唐朝内部空虚腐败，以讨伐杨国忠以正朝纲为名，联合同罗、奚、契丹、室韦、突厥等民族组成十五万兵力，发动了声势浩大的讨杨起义。这是同唐朝争夺统治权的内战，也是唐由盛而衰的转折点，更促使唐代开始出现藩镇割据的局面。因为朝廷内部腐败虚空,安禄山大军所向披靡,河北大部郡县、河南部分郡县皆迅速被安禄山接管。

唐玄宗怎么也没有想到,他一向信任的安禄山会忽然谋反。因为李林甫曾跟他说,胡人忠心无二,况且他们生在边疆,熟悉边疆,用他们镇守边疆是最适合不过了。没想到一夜之间,这个最忠心的将军已经率军杀了过来,并很快就攻陷了洛阳,并于次年正月初一在洛阳称帝,号曰大燕皇帝,改元圣武。

安禄山从发兵到称帝不过数月时间,速度之快实属罕见,而这又与唐玄宗的昏庸、朝廷的腐败关系极大。在刚爆发安史之乱的时候,安禄山的主力对准洛阳和潼关而来。洛阳很快被攻破,但是潼关却因为有高仙芝、封常清的顽强固守而没有被叛军攻破。如果唐玄宗坚持用这两员将领,那么长安就能得到护守,后面马嵬坡缢死杨贵妃的事情也就可能不会发生。然而历史并没有如果,唐玄宗到了这个时候仍旧是亲小人而远贤臣,听信佞臣的谗言,以为高仙芝和封常清之所以坚守不出,不与安禄山正面交战是因为他们与安禄山私下有阴谋,想共图大唐王朝。

“斩了!”唐玄宗本来就因为多年沉醉于酒色而昏头昏脑,后又为安禄山的叛逆而恼怒不已,现在听说镇守潼关的两员大将竟然也勾结安禄山要抢夺自己的江山,他想都没有多想,更遑论仔细调查,直接就将两人斩首示众,寒了三军士兵和天下百姓的心。

唐玄宗随即委任哥舒瀚接替两人的将领职务,统领潼关的军队与安禄山对决。然而哥舒瀚在对双方的形势进行了观察和分析之后得出,坚壁不出才是最好的应敌之法。然而唐玄宗根本等不及,加上杨国忠等宵小之辈不断在他耳边鼓噪,唐玄宗向哥舒瀚发出最后一道命令,强迫他出战。

这时候,郭子仪、李光弼在河北攻打叛将史思明,打了几个大胜仗,给朝廷带来了一丝希望。但是他们都认为,潼关只宜坚守不出,一来可以拖住部分敌军主力,消耗其兵力,二来也有助于他们将敌人的兵力引到范阳一带,好让他们一网打尽。他们也和哥舒瀚一样向唐玄宗据理力争,但是唐玄宗听信杨国忠的谗言,执意要逼哥舒瀚出战。哥舒瀚知道没办法再拖，唐玄宗已然失去了耐心，只好大哭一场，带兵出战，大有风萧萧兮易水寒的悲壮之情。果然不出其所料，他的军队输得一败涂地，哥舒瀚只好暂时撤到关西驿，同时张贴榜文招募失散的士兵，想做最后一次搏击。不过，迎来的不是那些视死如归的士兵，而是吐蕃将领火拔归仁及其百余骑兵。

"元帅，敌兵来了，快上马！"火拔归仁走进驿站，向哥舒翰汇报道。哥舒翰不知有诈，走出驿站大门，上了马。正要走，火拔归仁就率领诸将跪了下来，恳请哥舒翰投降。

"元帅，你本来统帅着二十万兵马，但如今几乎全军覆没，你现在回去，皇上会放过你吗？你看看高仙芝和封常清，这就是忠良在此时的下场。元帅，我们经过慎重考虑，目前唯一的生路就只有投诚安禄山。"

"不行，我誓死不与安禄山叛军为伍！"

火拔归仁哪里听他的，早就知道自己这位上司脾气犟得很，于是命人将他的腿绑在马肚子上，然后快马加鞭冲向敌营。潼关失守了，长安也很快落入危险境地，并于天宝十五载(756)六月被安禄山彻底攻破。

## 第四节　马嵬坡缢死杨贵妃

叛军彻底攻破长安，安史之乱进入了最高峰。唐玄宗和满朝文武惊恐不已，纷纷开始了逃亡之路。很快，早朝的时候，能够到场的文武百官只有百分之十左右，八九成的官员不是躲在家里，就是外逃了。

天下大乱，自保为要。叛军已经逼近皇城根下，谁也没有办法估算最终的结局是怎样的。为了安抚人心，唐玄宗在大敌当前的情况下，还假模假样登上勤政楼，昭告天下说自己要亲自率领军队讨伐安禄山。可是没人相信他。果然，他一下勤政楼，就马上安排自己逃亡的事情。一方面将宫殿的钥匙交给了将军边令诚掌管，派人留守皇宫，一方面又命令剑南道悄悄准备逃亡所用物资。而他自己，为了安全起见，当天移居到大明宫，并且在当晚已经布置好了次日赶路的马车和物资。

次日一大早，天色微亮，唐玄宗就召集了当天在宫里的杨贵妃姊妹、皇子、皇妃、公主、皇孙，以及杨国忠、韦见素、魏方进、陈玄礼等近臣，连同身边的亲信宦官、宫人等，从延秋门出发，偷偷出宫门，开始了逃亡之旅。

一代皇帝，前期开创了开元盛世，本来是一项创举，足以让他名留千载，但他却在大功初成之时，禁受不住诱惑，开始追逐享乐、奢华与酒色。最终有多大的成就，就有多大的腐败，有多大的腐败，就有多大的灾难。以至于面临国破逃难的境地。此时的唐玄宗，心里定然是一千个、一万个不甘心，但也无可奈何。大势所趋，他只能保命，连那些在宫外的皇妃、公主、皇孙及其他皇族子弟都顾不上了。

一路仓皇奔逃，来到了左藏库，这里存放着大量的钱财。杨国忠见了，就说要将库存的钱财都烧毁，不给叛军留下一个子儿。

“算了吧，”唐玄宗心里非常痛苦、悲戚，“这钱还是留下给叛军吧。必然，他们闯进来发现钱库的钱都没了，肯定会向百姓们征收索取的，那样不是更加害了百姓吗？与其这样让百姓们雪上加霜，还不如把钱留给叛军吧。”

也是难得，在这自身难保的时候，还能想到百姓疾苦。可见唐玄宗本身心里确实系着民生，但却因为贪图享乐而把这份宝贵的品质给忽视了。或许是直到现在落难逃荒，才又重新回想起自己当初的雄心壮志和对百姓的关切之心吧。

树倒猢狲散，唐玄宗这边还在逃亡途中，皇宫就被山野小民洗劫并且烧毁了左藏大盈库。留守的崔光远与边令诚只好带人赶来救火，并且将抢夺最凶的十多人杀掉，才将这个混乱的局面稳定下来。局势暂定，崔光远就派自己的儿子去见安禄山，而边令诚则看事已至此，也不抵抗，直接向安禄山交出了宫殿各门的钥匙。唐玄宗的大本营彻底让位给了安禄山。

再回到唐玄宗这边，他们一路逃亡，所到之处都提前告知当地郡县长官做好接待。可是当他们到达咸阳县的时候，哪里有什么人接待啊！县令早就跑了，连派去通知县令的宦官王洛卿也不见了踪影。没办法，随行的杨国忠只好拿钱出来向百姓们买胡饼、粗饭，边吃还边与百姓相对而泣，情状不可谓不凄惨。

这还是好的，随着逃亡的日子越来越往后挪，一路所经，民居早已空空如也，哪里还找得到吃的！最终来到马嵬坡，随从将士都饥困劳累，气愤填膺。这时候，平时早就对杨国忠各种腐败言行敢怒不敢言的将士们也无所畏惧了。特别是龙武大将军陈玄礼，决心要趁乱除掉杨国忠。因为在他看来，造成现在这样天下大乱的局势，罪魁祸首就是杨国忠。谁让安禄山就是打着讨伐杨国忠的旗号造反的呢？

陈玄礼不敢擅自动手，于是就让当时东宫的宦官李辅国去转告太子李亨，让他作决定。可是李亨不知道是畏惧杨国忠的势力，还是考虑到自己父亲唐玄宗的原因，迟迟没有准确的回应。正当将士们心急如焚的时候，转机来了。

队伍前进中，忽然二十余位吐蕃使节拦住了杨国忠的马，向他索要食物。这一幕刚好就给随从的士兵们看见了，一下子就炸锅了。

“杨国忠与胡人密谋造反啦！”不知道谁先起哄，士兵们心中的怒火就被点燃了。其实，当时杨国忠还没有来得及回应胡人什么话，就被乱箭射中了自己的坐骑马鞍。杨国忠一看，慌了，跳进黄河也洗不清，便寄希望于逃跑，免遭乱箭穿心。一路狂奔，好不容易逃到了马嵬坡西门内。不过，他最终不葬于乱箭之下，却死于士兵的刀砍矛刺之中。怒不可遏的士兵最终还将他的躯干肢解，割下他的头颅，挂在长矛上，插于西门口外，以示众人。在古代，这是对一个人最高的羞辱和惩罚，其程度不亚于开棺鞭尸，因此非十恶不赦者不至于此。当然，杨国忠的罪行也确实罄竹难书，安史之乱的直接矛头、导火线就是由他引起的。

杀死了杨国忠，士兵们还不解恨，又将其儿子户部侍郎杨暄与韩国夫人、秦国夫人等一一杀死。这时候，御史大夫魏方进斥责士兵们竟然敢杀死当朝宰相，也被士兵们杀死于刀下。唐玄宗此时就在该驿站暂时休憩。士兵们已经杀死了唐玄宗最信任的宰相，如果这事发生在平时，恐怕诛九族都有可能。因此，士兵们一不做二不休，既然横竖都是死，就干脆将驿站包围，看你唐玄宗是要誓死维护大恶人杨国忠还是怎的！

“外面什么事情这么喧哗？”唐玄宗心中一惊，还以为叛兵杀到了。

“陛下，是杨国忠谋反了！”左右宦官答道。

唐玄宗更是心中一沉，再出门一看，将士们手持武器，满脸怒容把驿站给围住了。这架势不是很显然吗？

“朕真没有想到，杨宰相竟然在这危难时刻也叛离了朕。你们做得对，叛徒就应该法办。朕有你们护卫，心里非常欣慰。辛苦了，回去好好休息一下吧！”

尽管唐玄宗表示不追究他们的责任，许可了他们刚才的行动，可是将士们岿然不动。这不是他们想要的结果。杨国忠是铲除了，但是杨贵妃还在啊！只要杨贵妃还在一天，唐玄宗就有可能被她迷惑，将来跟他们算这一笔账，他们日后定然不好过。将士们并不笨，在这关键时刻，绝不会拿自己的性命开玩笑。

杨贵妃坚决不能留下！

“陛下，杨国忠罪应当诛，而且已经伏法，杨贵妃也不能继续留在陛下身边，请赐死杨贵妃！”陈玄礼上前直言。他这简单一句，却说出当下所有士兵们的心声。斩草除根，除恶除到底，怎么能够留下一颗不定时炸弹，让杨贵妃有报复他们的机会呢！

“这是朕的私事，我自会处理！”唐玄宗心里咯噔一下，虽然恼怒却不敢表现出来，只好返回屋里，黯然神伤。

“请陛下赶快定夺，内有群情汹涌，外有叛兵穷追，时间不多，安危系于一瞬，请陛下马上赐死杨贵妃！”见唐玄宗始终犹豫不决，京兆司录参军韦谔跪在唐玄宗面前，猛地一下接一下磕头请求，很快就血流满面。

唐玄宗被逼无奈，只好作最后一次争取：“杨贵妃一直都深居内宫之中，和外边的人很少来往，她怎么会知道杨国忠谋反的事情呢？”

这话说得恐怕连唐玄宗自己都心虚吧。要知道，通过杨贵妃直接或间接推荐受封赏，以及与杨贵妃关系不浅的人，早已数不胜数。就是叛军头领安禄山，与杨贵妃还有“母子”关系呢。

“陛下，请考虑一下将士们的处境。杨贵妃虽无罪，但是毕竟将士们将其堂兄杨国忠给杀了，杨贵妃如果还继续待在陛下身边，他们怎么能够安心呢？”高力士此时见局面已然不可逆转，于是帮忙点上一把火。

连自己的心腹宦官都“胳膊往外扭”，没有一个人站在自己的立场，如果自己还坚持己见，那岂不是落得一个不顾将士安危的恶名？而且，说不定自己没有被叛军杀死，也难以活着离开这里了。

“来人，去请杨贵妃到佛堂内!”唐玄宗艰难地挥一挥手，高力士领命而去。

痛苦像刀尖一样扎向了唐玄宗的心，他亲手用绳子勒死了这个朝夕相伴的美人。在那一刻，不知道是杨贵妃告别人间的香泪，还是唐玄宗苦不堪言的老泪滴落到地，随着杨贵妃香消玉殒，将士们的一颗心定了下来，唐玄宗却已万念俱灰。遭遇了安禄山的叛变，自己的天下受到了威胁，没有了杨贵妃相伴的日子，自己就像被活生生剥夺了一半生命。

可是此刻，皇帝并不是高高在上发号施令的强者，相反，他是最无助的一个，除了听从时势的安排，他还能做什么呢？因为这一切，都是源于一开始的错误。当初若然不踏出腐败的第一步，也就不会有如今的家破国亡、美人离去。

缢死了杨贵妃，唐玄宗还特命人将其尸体抬到了将士们面前，让他们都来观察。为了最后的自保，为了给自己的腐败埋单，唐玄宗确实也够心狠手辣，付出的代价也是常人所难以忍受。将士们的怒火被一具尸首消磨殆尽，又保护着他们的君主继续逃亡之路。不过，从这一刻开始，唐玄宗心中已无幻想，在他心里，并不相信这是将士们自发的毫无计划的兵变，他怀疑李亨主导了这次兵变。因此，马嵬坡驿站重新起航之时，唐玄宗就和李亨分道而行，唐玄宗往南到四川地区，而李亨则往北去收拾残局。很快，李亨就在讨伐叛兵的途中自行称帝了。

李亨，即为唐肃宗。李亨一称帝，唐玄宗就被尊为太上皇。自此之后，唐玄宗就基本不问政事，更多的时间都是在缅怀杨贵妃。有宦官将杨贵妃留下的香囊给了唐玄宗，唐玄宗当成宝贝一样藏在袖中，只有独自一人的时候才拿出来睹物思人。而此时，高力士随着唐玄宗的势力不复，也几无权势，宦官之中实力最大的就是李辅国了。一天，他趁着唐肃宗病重，私自带五百骑士逼迫唐玄宗移居甘露殿，而其亲信高力士、陈玄礼、玉真公主等人分别被流放、调离、出家。唐玄宗身边再无一个熟悉的人，很快就郁郁寡欢而终，令人唏嘘。我们不禁想问一下：

如果没有当初的腐败，唐玄宗的人生会不会是一种圆满的结局呢？

# 第六章　李林甫:大唐由盛转衰第一罪臣

李林甫,小字哥奴,祖籍陇西,唐高祖李渊堂弟长平肃王李叔良曾孙,画家李思训之侄。早年历任千牛直长、太子中允、太子谕德、国子司业、御史中丞、刑部侍郎、吏部侍郎、黄门侍郎,后以礼部尚书之职拜相,加授同三品。李林甫担任宰相十九年,是玄宗时期在位时间最长的宰相。后被杨国忠诬告谋反,遭削官改葬,抄没家产,子孙流放。他在位时大权独握,蔽塞言路,排斥贤才,导致纲纪紊乱,还建议重用胡将,使得安禄山坐大,被认为是使唐朝由盛转衰的关键人物之一。

## 第一节　精于权谋的政治演员

大唐发展到唐玄宗时期,可以说是迎来了两大变化。一个是前期的励精图治,开创了开元盛世,这成为唐玄宗最大的功绩;一是后期的奢华腐败,引发了安史之乱,这成为唐玄宗人生最大的败笔。史学家大都认同安史之乱的导火线是杨国忠,然而在杨国忠之前,有一个人却被公认为导致大唐由盛转衰的第一罪臣。这人就是唐玄宗时期有名的奸臣李林甫。

李林甫,出身于宗室贵族,是宗室贵族做高官最典型的代表。其曾祖父是唐朝高祖李渊的堂弟,入仕途可谓是近水楼台。当然,李林甫也不是一开始就被授予高官的,而是千牛直长。这对于李林甫来说自然是不能满足的。他要利用一切可利用的资源往上攀。他首先借助的,就是自己的舅父姜皎。

姜皎是唐玄宗非常宠爱的臣子。有一次,姜皎陪唐玄宗在后花园赏一株绿植,姜皎连说好看,唐玄宗于是在事后派人将它移植到姜皎的家里。有这样一个舅舅,李林甫当然要讨好他了。姜皎对文艺颇有一番修养,恰好李林甫精通音律,于是他常常在舅舅面前展示自己的才艺,因此深受姜皎的喜爱,姜皎为此常常向朝廷推荐他。

当时,侍中源乾曜与姜皎乃是姻亲,源乾曜的儿子源洁也为李林甫求取官职,而且是司门郎中之职。这是一个要职,并不是说靠关系就能轻易坐上去的。因此,源乾曜坚决不同意,他认为必须是那些有能力、有声望的人才能担任,就当时的李林甫来说,哪里够格啊。于是,李林甫最后被授为太子谕德,后累迁至国子司业。

可以说,在前期,李林甫并没有得到其他官员的重视,更别说成为唐玄宗最宠信的近臣。但是,李林甫并没有因此灰心丧气。精于权谋和性格阴暗的人,从来都是极具耐心的。李林甫就是这样一个人。为了能够在权势的金字塔上不断攀爬,李林甫在拜相之前极尽权谋之能事,对于许多权位在他之上的人,很能逢迎。但是与一般人的露骨的迎合不同,李林甫很有心计,让被他巴结的人还对他感激不已,为他说好话。也就是说,他最擅长的就是将巴结逢迎变成予人方便和帮助,收买人心。甚至于,被他算计的人,都会对他心存感激。这一番城府和心计,在当时也是少有人能与他匹敌的。这其中最出名的一件事就是弹劾宰相张说。

开元十四年(726),李林甫时任御史中丞,而当时的一位宰相是张说。张说因为自己的属下收受贿赂,以及与非法出家的和尚王庆则来往过密等罪状,被李林甫联合御史大夫崔隐甫、宇文融等人共同弹劾。有的放矢,并非诬告,张说因此被投放监狱,最终被迫提前退休。百足之虫,死而不僵,张说毕竟官居宰相之位多年,虽然如今已失势,但是权势二字,向来没有绝对的输赢,只要人在,就有翻盘的可能。崔隐甫和宇文融就很怕张说有朝一日东山再起,找他们报复,算这笔账。于是,他们想打落水狗,罗织罪名继续上告,想让他永不翻身。

对于此时已经诚惶诚恐的张说来说，李林甫只要再出手，还真很有可能就让他彻底身败名裂，家破人亡。但是李林甫却奇怪地拒绝乘胜追击。

“不去，这事不能做！”李林甫很坚决地说道。

这就奇了怪了，崔隐甫和宇文融十分不解，这可是最佳的时机啊，错过了就有可能被张说反过来报复他们了。李林甫怎么会糊涂到连这个道理都不懂呢？

不是李林甫不懂，而是他太懂了！他的心计远在崔隐甫和宇文融二人之上。想要在日后扩大自己的声威，位居万人之上，靠的不单单是阴谋、武力，更是权术，即收买人心的能力。要让他人心服口服，才能真正坐稳位置。他不想在还没有到达权力顶峰的时候就落个不好的名声，这有碍于他的升迁之道。因此，他不但没有趁势而为，却反其道而行之，用一套公私分明的大道理教训起了崔隐甫和宇文融二人。他说，自己之所以要弹劾张说，并不是和他有什么仇隙，而是对事不对人，讲究法理，既然有确凿的证据说明张说犯了事，就该就事论事。这是为了公务，无关其他。而如果罗列莫须有的罪名强加于他的身上，那不就是公报私仇了吗？言下之意，他李林甫不是那种公私不分的人，他只是依律行事，而没有要谋害张说的想法。这番话说得，不知道崔隐甫和宇文融当时是怎样的五味杂陈。

其实，他这番话哪里是对他们二人说的，分明就是对外边的人说的。很快，朝廷内外几乎无人不知他的公私分明的高尚品德，就连同样是善于谋划的张说本人，那个被他弹劾并因此失去官职权势的被告，都禁不住赞叹李林甫是一个厚道的人。最重要的是，崔隐甫和宇文融二人没有听从李林甫的劝告，依然将奏章呈上，彻底惹恼了唐玄宗。唐玄宗盛怒之下，将他们赶出了京城，贬职他处。而对比之下，李林甫的厚道却传到了唐玄宗的耳朵里。很快，唐玄宗就将他升任为主管官吏考核的吏部侍郎。

在这件事情中，李林甫成为了最大的赢家，不仅成功借弹劾张说一事达到了升迁的目的，更借唐玄宗的刀将自己的密谋同伙赶出京城，解除了他们对自己的各种不便利或者是潜在的威胁。而且，还获得了被告张说的理解，吸引了唐玄宗的青睐，得到了一个厚道、正直的名声。如果你以为仅仅是这样,那就太小看李林甫了。作为一代奸臣,大唐由盛转衰的关键人物,他最厉害的地方,也就是最腐败的体现在于神不知鬼不觉的攻心计。上述的表现都是攻心计带来的效果,而他最擅长的是观摩、揣测唐玄宗的想法。

张说纵容部下贪污腐败肯定不是一次两次偶然的事情,他让和尚给自己算命也不是一天两天的事情,可是为什么偏偏选在某一个时间点上来弹劾张说呢?那是因为,这正是张说权力鼎盛、专权傲物之际,善于察言观色的李林甫,早就通过自己的观察和从宦官、嫔妃那里打听到唐玄宗很头疼张说的专权行为。这个时候捅张说出来,不正好中了唐玄宗的心意么?不然,即便是证据确凿,倘若皇帝有意偏袒,也是难以奈何他。

这其二,就是专权之外,唐玄宗还很讨厌别人结党营私。结党营私,本来就与专权密不可分,都是对皇权造成极大威胁的行经。专权必然会引起利益集团,而结党营私也会构筑权力体系,两者是相辅相成的,其本质就是削弱皇权,抗衡皇权。当专权和结党营私上升到一个顶峰,带来的最大威胁就是谋逆篡位。这是每一任帝王最担心和提防的事情,李林甫深谙此道,便绕道远行。而崔隐甫和宇文融糊里糊涂,只好成为了炮灰。更何况,张说怎么说都是唐玄宗敬重的老师,他心里知道张说并无逆谋之心,只是他的专权让他感到反感和不安而已。唐玄宗并不想置老师于死地,从而落下一个不尊师重道的坏名声。在这一点上,唐玄宗和李林甫是有相似之处的。

因此,李林甫进入了唐玄宗的眼中,成为外人眼中公正厚道的吏部侍郎,掌管着文武百官的考核要事。在这个岗位上,求他办事的人就多了,其中不乏地位、爵位比他高得多的人,比如唐玄宗的大哥宁王。宁王托人给李林甫传讯,让他给自己的亲信升迁。但是李林甫却将这件事情公之于众,狠狠地打了宁王的脸。这就给他博得了一个铁面无私、不屈服于权势淫威之下的美名。唐玄宗听闻更是欣喜不已,这正是他理想中的好臣子。

但是拨开云雾见真相,这同样是一起精心布局的政治表演,而李林甫就是其中的导演和最出色的演员。李林甫并非没有给宁王的亲信升官,而是一升就升了九个，却单单将宁王托付的第十个亲信给抖了出来。这第十个，就是炮灰的角色。这是和宁王合谋好的事情。李林甫这么善算，自然不肯吃亏，白干事情还担着风险。因此，他让宁王配合，出一点糗，反正这种事情责怪下来，唐玄宗也不会拿宁王怎样。而为了巩固自己的利益集团，宁王也不计较这么多。于是就有了这一出精彩的政治表演，宁王给自己的九个亲信升了官，李林甫也得到了公道正直的名声，两全其美。这类事情，李林甫一直都没有少干，不仅干得很出色，而且赢得了皇帝身边的权贵的欢心，包括那些深得唐玄宗宠爱的宦官与嫔妃。从这些人口中，李林甫也因此对唐玄宗的喜好与想法了如指掌。

当时，后宫之中最受宠的不是杨贵妃（她是在武惠妃死后才上位的，上一章节已说），而是武惠妃。爱屋及乌，唐玄宗非常宠爱武惠妃的儿子寿王李瑁，而疏远太子李瑛。这意味着什么？意味着寿王有潜在的大危机，毕竟在太子和外人看来，寿王是与太子争夺皇位的最强对手，太子因此有可能会对寿王不利。这一层，武惠妃非常清楚，而且她本来就有意要让寿王争夺未来的皇位。身居要职的李林甫抓住这个机会及时站队，通过武惠妃身边亲近的宦官拜见她，表示愿意尽力保护寿王。武惠妃听了自然十分感激。既然你愿意帮我的儿子，那我也不能亏待你，于是她暗中帮助李林甫，常常在唐玄宗耳边赞赏李林甫，让唐玄宗对李林甫更加信任。

开元二十一年（733），侍中裴光庭病逝，这就空出了一个官职，成为了许多人争夺的肥缺。武惠妃极力为李林甫谋取该职。当时，高力士是唐玄宗身边最有权势的宦官，而高力士出身于武三思府中，算是武氏利益集团的一员。既然都是自家人，武惠妃发出请求，高力士怎么也要卖她一个面子。但是高力士也是一个老谋深算的人，知道李林甫的斤两，不敢贸然答应直接向唐玄宗推荐李林甫为宰相。他的判断是正确的，因为不久中书令萧嵩就举荐了当时的尚书右丞韩休为侍中，唐玄宗已经答应，但没有正式宣告，发布任命状。这属于内部确切消息，高力士第一时间得知后马上告诉了武惠妃，让她赶紧告诉李林甫。李林甫收到消息后，知道其中深意，于是就提前跟韩休透露了这个好消息。韩休成为宰相之后，因为一些事情和真正推荐他的萧嵩不和,但是对于李林甫却一直心存感激。在恰当的时机,韩休便推荐李林甫,鼓吹他有宰相之才,武惠妃也暗中相助。见宰相和自己深爱的妃子都极力推荐李林甫,自己本来又对李林甫甚有好感,唐玄宗于是授予他黄门侍郎。两年后,被拜为礼部尚书、同中书门下三品,加银青光禄大夫,与侍中裴耀卿、中书令张九龄等共同担任宰相,正式登上了作为臣子的权力的顶峰。时年,李林甫五十二岁,对于追求政治理想的人来说,正是在政治上大展宏图的最佳时期。而李林甫追求这一天,却不是为了他此前多年所表演的大公无私,而是一己私欲。

## 第二节　排除异己口蜜腹剑

以当上宰相为分水岭,从本质上来讲,李林甫的腐败治政之道并没有一点变化,但不同的是,前期李林甫极力营造一个正面的形象,做足了戏码,赢得了多方赞誉;而后期,李林甫虽然也没有撕掉虚伪的面具,却更加毒辣、阴沉,并且逐渐显露出其阴险狡诈、口蜜腹剑的邪恶品性。

有人觉得说李林甫是一大奸佞臣子有些过了,想为李林甫正名,认为他是一个在政治作为上可圈可点的人,在大节和施政措施上对于国家、民众都有贡献,比如整顿教育、完善法制等。对于这种说法,我们不可全盘否认,但也不敢苟同。综观历史上历朝历代的奸臣、贪官,哪一个长久为官的没有做过一些实事?居其位谋其政,这是入仕为官的基本原则和要求,如果没有做出一点成绩,统治者难道是傻子,让他长久尸位素餐?我们不否认会有个别的难以察觉的这样的人,但是坐上高位的,都是在天子眼皮底下做事的,自然是有两把刷子的。李林甫为官二三十载才做上宰相,如果没有一点政治能耐和业绩,怎么可能?但是,这和他的腐败、奸佞又并不完全冲突,业绩的需求,用现在的话来说是"刚需",是为实现其膨胀的私欲的基础。这是其分内事,我们不能因此而将这与其奸佞的本性截然区别,因为前者是表象,是用来掩盖后者的。李林甫所做,不能说全然毫无公德,却也丝毫不能掩盖其奸佞本性。

在他当上了宰相之后,他就不再像从前那样隐忍。位居万人之上,需要他巴结的人已经不多，而相反，要巴结他的人却排着队在等候着。这时候，权高位重，不正是他数十年来梦寐以求的结果吗？他取得如今的地位和权势，不就是为了实现自己的名利追求吗？

三十年换一朝权势，既然名利来得如此不易，李林甫怎容他人觊觎和威胁？这就和唐玄宗时刻提防有人要谋取他的帝位一样的道理。因此，从此，他就加快了排除异己的动作，布防和巩固自己的利益集团。这是暗中的动作，明里就是迎合唐玄宗，不与其持相反意见，唱反调。

而唐玄宗除了要面对臣子们的尔虞我诈之外，还有后宫的明争暗斗。这种争斗通常都不可能不影响朝廷，因为她们的目标就是天子的权势，说白了就是各位妃子都想自己的儿子做太子。这不，因为自己的母亲失宠，太子李瑛、鄂王李瑶、光王李琚就多有不满，私下怨言不断。俗话有说，祸从口出，三位王子不知，他们为此要付出多大的代价。他们的怨言被驸马都尉杨洄听到了，于是杨洄告诉了武惠妃。武惠妃一听，这不正好可以抓住这个把柄，铲除自己儿子的竞争对手吗？于是，她向玄宗哭诉太子他们对自己颇有不满。唐玄宗最宠爱武惠妃，听了她的哭诉哪里还耐得住，顿时龙颜大怒："这三个逆子，我一定要废了他们！"

于是，他找来了当时的宰相们，跟他们商讨废黜这三个儿子的事情。张九龄一听，吓得一身冷汗，忙说"不可，不可"，直劝唐玄宗不要意气用事，并说自己不敢执行废黜太子、王子的命令。而李林甫则站在一旁一言不发。唐玄宗无奈，这事情只好暂告一段落。但是李林甫退朝后，却有意私下和皇帝身边的宦官说："这是天子自己的家事，哪里用得着跟外人商量呢！"

言外之意就是，既然你唐玄宗有意要废黜自己的三个儿子，那就按照心中的想法去做就好了，根本不用理会臣子们怎么看。明里看李林甫是站在中立的角度，但实际上却是站在了唐玄宗这一边，因为不管唐玄宗的选择是怎样，只要他自己作出的决定，都应了李林甫的那句话。而李林甫知道唐玄宗并不喜欢太子，同时他又答应要帮助寿王，因此他的态度刚好给了唐玄宗更加坚定的决心。两年之后，唐玄宗就按照李林甫所说的那样，真的将太子李瑛、鄂王李瑶、光王李琚等三子同时废为庶人，连同李瑛的妻兄驸马都尉薛锈都被流放到瀼州。而不久，三人又被唐玄宗借故给赐死了，令时人喊冤不已。心狠手辣，这样一来，李林甫就实现了自己要帮助寿王的诺言，为寿王和自己排除了异己。

太子都能搞掂，对于其他异己者，李林甫更加不拖泥带水。在贬黜太子三人之前，唐玄宗就有意要提拔当时的朔方节度使牛仙客，让他兼尚书一职。

“陛下，宰相之职关乎天下社稷民生，必须由学富五车、经国之士担任。牛仙客暂时还不能达到该要求啊！”

唐玄宗听罢，心中愤愤不平，难道我的眼光还比你张九龄差，竟然总是阻挠我！恰巧这时候，李林甫私下又来站队唐玄宗了，以宣示他的忠诚立场：“我皇要选用人才，只要是有丰富的才识和能力就够了，哪里规定一定就要满腹经纶的读书人才能担任呢！我皇这样任人唯贤，有何不可？”

又是一次成功的添油加醋，唐玄宗听在耳里，却记在心上。不多久，唐玄宗不仅破格将牛仙客升迁为宰相，更将原来的宰相张九龄、裴耀卿两人罢黜。从此，没有了张九龄等人与李林甫制衡，李林甫在排除异己的道路上越走越远。李林甫也因此被授为中书令、集贤殿大学士、修国史。后来，又因为刑部判定的死刑案一年才五十八起，大理寺监狱上有小鸟栖息，这被看成是国泰民安的象征。唐玄宗以为都是李林甫的功劳，于是将他晋升为晋国公。相反，仅仅是因为上奏发表牛仙客不是宰相之才的言论，监察御史周子谅就被玄宗杖杀。而李林甫又趁机进言，称周子谅是张九龄所引荐的，张九龄又因此再次被贬谪。至此，李林甫排除异己、阻断言路的做法昭然若揭。但因为其位高权重，又受到唐玄宗的宠信，文武百官少有人敢和他作对。

开元二十六年(738)，武惠妃病逝了，因为太子李瑛早就被唐玄宗赐死了，东宫储位就一直空着，李林甫为了兑现当初说要帮助寿王李瑁的诺言，极力劝说唐太宗立寿王为太子。但是在唐玄宗看来，忠王李玙更适合做太子。不只是因为李玙更年长，唐玄宗主要是看重他为人正派，讲究仁德礼义,尊崇孝道而处事恭谨,勤奋好学。高力士也赞成忠王继太子之位。这种情况正如李林甫之前所说,这是皇上的家事,外人管不着。于是乎,当年六月唐玄宗就立李玙为皇太子。李玙,就是后来的李亨。李林甫排斥同僚,攫取高位,不过最后还是没能说服唐玄宗立寿王为太子,日后就少了一个靠山。历朝历代在选太子这件事情上,其背后毫无例外都是多个政治利益集团的博弈。往往,当选的太子一方都会在日后以绝对的优势碾压其他各方,除非太子自身太弱势。虽然在这件事情之后,李林甫并没有因此受到冷落,唐玄宗依旧对他十分宠信,以至于李林甫在家办公,百官都要等候在他家大门口等待他召唤,俨然第二个天子一般。但是,作为官场老手,老谋深算的李林甫还是觉得自己没有在选太子这件事上给李亨出过力,害怕在李亨当权后,自己会遭到报复,于是心狠手辣的他想要先下手为强。

铲除异己,最高明的办法不是直接动武,而是借刀杀人。李林甫早已惯使这个伎俩。李林甫将这把刀对准了李亨的妻兄韦坚。这是从旁入手,以隐藏真实意图。然后,李林甫又使出欲擒故纵的手法,先是将韦坚推荐到一个高位,然后暗中命令御史中丞杨慎矜监视他,只要他一有过错就记下,俟时而动。

终于有一天,被他逮到了一个机会。那天刚好是天宝五载(746)的正月十五,李亨出宫游玩,恰巧遇到韦坚正在密会皇甫惟明。皇甫惟明是当时的陇右节度,属于重要边将。他素来看不惯李林甫专权,曾提议罢免李林甫相位。李林甫因此对他怀恨在心,这次正好借题发挥,将两人都铲除。先是杨慎矜向玄宗揭发他们密会的事情,称韦坚身为内戚,不应结交边将。李林甫马上乘机诬告他们在密谋作乱,称韦坚勾结皇甫惟明,想要拥立太子为帝。唐玄宗听了大怒,不仅将韦坚、皇甫惟明贬官,更命李亨休弃太子妃韦氏。这样一来,就削弱了韦氏一族的势力,同时也给太子李亨一个警告。

可是李林甫并不就此罢休,太子一日不除,他一日难安。为此,他加大构陷力度,在陷害太子李亨的同时许多官员无辜受牵连,失去性命者更是多得很,令百官惊恐。事件起因是太子妃杜良娣的父亲杜有邻与女婿柳勣不和，柳勣就诬告杜有邻“妄称图谶，交构东宫，指斥乘舆”。意思是什么？就是诬告杜有邻和太子密谋，有谋反之心。这绝对是掉脑袋的事情，李林甫于是故意做大此事，不仅最后将杜有邻、柳勣都以杖刑杀死，还把杜良娣废为庶人。这样一来，再次给太子李亨一记重锤。影响最大的还是那些地方官员。比如，北海太守李邕、淄川太守裴敦复等都被杖刑打死，而韦坚、皇甫惟明再次受牵连，直接被赐死。前宰相李适之服毒自尽，李林甫还派人到河南府将他儿子杖杀。这些人，大都是与太子李亨有关系的，李林甫此举，一是要灭其势力，一是要从侧面攻击李亨，从而让其无力与自己抗争。然而这些都不能让唐玄宗对太子李亨产生大的嫌隙，李林甫只好一方面构陷其他同僚，一方面巩固自身势力。

而与此同时，李林甫构陷其他同僚的手段也令人不齿，时人称之为“口有蜜，腹有剑”。如今，“口蜜腹剑”早已成为一个成语，就是这么来的。顾名思义，嘴里说出来的话很好听，就像含着蜜糖一样甜，让人听了很舒服，没有丝毫的疑虑，但是李林甫肚子里却藏着一把利剑，他就是要用蜜糖般的言语将你欺骗，然后再暗中刺你一剑。说白了就是，嘴上说一套，背地里做一套；你看他表面是和善的人，其实他是一个城府很深的魔鬼，对于他觉得对自己有危险的人时刻都会置之于死地。

这里有两三件案例，很可以说明李林甫口蜜腹剑的伪君子面貌，而这与他的善妒性格是相辅相成的。

一次，唐玄宗在勤政楼垂帘观看乐舞，忽然楼下有人骑着马风度翩翩而过，其风采受到唐玄宗的赞赏。这人就是兵部侍郎卢绚，当时他并非有意在皇上面前显摆，而是以为唐玄宗已经离开了勤政楼。唐玄宗也是真心赞美他，但就是这么偶然的一件小事，就被李林甫盯上了。他担心卢绚会因此受到唐玄宗的重用，于是心生一计，将卢绚的儿子叫到他跟前，骗他说唐玄宗看重他父亲的才干，打算让他父亲前往岭南道的交州、广州等地为官。现在的岭南地区，特别是广州是国际大都市，但是在唐朝的时候，却是一个蛮荒之地，瘴气比较严重，民生发展并不如意，相比京城而言，就是一个穷乡僻壤。因此，当听到这话时，卢绚的儿子心里一咯噔，坏了，让他父亲到那里，不就等于流放一样吗？

李林甫见他上钩了，就再吓唬他，说如果他父亲不肯前往，就要被贬官。

“不过，如果你父亲确实不愿意去岭南的话，我可以给他指一条明路，他可以到东都洛阳去做太子宾客或太子詹事。你知道的，这个官职很多人求之不得，事少，但名声高贵。”

卢绚听到他儿子跟他这么一说，自然就只好采纳了李林甫的建议，主动跟唐玄宗提出要到洛阳任职。李林甫见其中计，先是任命他为华州刺史，等卢绚任职一段时间后，再奏称卢绚染上了疾病，没有能力、精力处理政务，于是唐玄宗就将他贬为太子员外詹事。

这是李林甫口蜜腹剑的一个典型案例。有同样遭遇的还有严挺，他也因为受到了唐玄宗的青睐而最终被李林甫设计，同样被贬为太子詹事。此外，还有宰相李适之，因为和李林甫争权，结果中了李林甫的圈套。李林甫告诉他华山有一座金矿，是唐玄宗所不知道的。如果这座金矿能够得到充分开采，必能为国库增加不少收入，强国富民。李适之一听，这是一件有益于社稷民生的事情，于是他很高兴地将此事上奏唐玄宗，建议国家大力开采。唐玄宗就此事询问李林甫，却不料李林甫声称，金矿的事情他早就知道了，但金矿是龙脉所在，怎么能够开采呢？言下之意，李适之要朝廷开采金矿，就是断了李唐王朝的龙脉，这不是摆明了不忠吗？可想而知，唐玄宗盛怒不已，责令李适之以后有什么事情先和李林甫商议后再上奏，不要自以为是。这样一来，就显然降低了李适之的宰相地位，皇帝对李适之不再信任。

通过种种如此的口蜜腹剑的言行，李林甫为官多年不知道诬陷、残害、铲除了多少同僚。虽然其中有不少人并非清白之身，但是也不应该如此处理。要知道，国有国法，李林甫自身推崇法制，但是背地里却违背法制，擅用职权，随意诬陷，造成了长时期的官场腐败、昏暗。这也导致了唐玄宗虽贵为帝王，天之骄子，却不再励精图治，听不进贤才忠言。李林甫于是独揽朝政。在他看来，文武百官只要像“立仗马”那样，默默站立不作声，就能够获得肥沃的粮草；但如果有一声嘶鸣，就会被踢走。

“你们就要做那匹立仗马。陛下的旨意我们做臣子的连听从都来不及，还要做什么进谏、议论呢？如果乱说话，就只会像不守规则的立仗马一样，不能再进入这个队伍。”

这不就是赤裸裸的私下独裁的体现吗？担任宰相十九年的时光里，李林甫就是这样，通过控制群臣的言论、思想而麻痹唐玄宗，导致唐玄宗看不清事实和现状，一味沉醉在武惠妃、杨贵妃等美人的美色之中，而导致了朝廷腐败，祸乱涌起。

## 第三节　告诉安大夫，让他老实一点

在李林甫的淫威之下，大多数官员都是敢怒不敢言，然而总有一些人或是不服，或是不屈，敢于和他较量一番。与他同朝为相的张九龄就是这类人。张九龄是历史上的一代名相，素来受到人们的尊敬，然而他还是不敌李林甫的奸诈和心计。当时，安禄山还只是边疆的一个小将，因为打了败仗按律要处死。张九龄坚决依律处决，但是李林甫却偏偏要和他作对，一定要保住安禄山。张九龄最终不是李林甫的对手，只能愤恨罢官，而安禄山就在这种情况下被保了下来。说起来，李林甫还是安禄山的救命恩人。

天宝十载(751)，李林甫兼领安西大都护、朔方节度使、单于副大都护。但是次年，他就请求辞去兼任的朔方节度使之职，而奏请用胡人守边疆。他的理由是汉人相比而言比较胆怯，不如胡人勇猛。唐玄宗于是听从他的建议，重用胡人等番将，培养出高仙芝、哥舒翰等少数民族大将。但是有利必有弊，而且历史证明弊大于利，重用番将的策略使得安禄山有了崛起的机会。李林甫的初衷并非真的要给胡人不断晋升的机会，而是不希望节度使立了边功回来做宰相威胁到他的地位。但是他却低估了胡人，只想到节度使可能立功为相，却没想到胡人也有篡权之心，这人就是安禄山，他一手提拔上来的小边将。

安禄山可不是一个简单的人，他很擅长为自己的前程拍马溜须。自从被推荐之后,他奉旨进京面圣,居然给他认了唐玄宗、杨贵妃为干爹、干娘。这两人就是当时最有权势和地位的人,安禄山心想,有他们做自己的后盾,还怕谁呢!

于是,安禄山进京面圣之后,不把满朝文武放在眼里:老子的靠山就是当今最有权势的人,你们哪个敢得罪我,我就狠狠修理你们!但是他初次进京,完全没有了解清楚政坛的动态,对其他文武百官不屑也就罢了,对李林甫他也十分傲然。

李林甫心里那个气啊,但是他表面却完全不动声色。要知道,口蜜腹剑的称号并不是浪得虚名的。而且,安禄山一进京就找了两个大靠山,这两个靠山都是他惹不起的,他也不敢明目张胆对安禄山怎样,因此只好故技重施,以计谋来吓唬他,给他一个下马威,让他长点记性。首先,他在安禄山拜访他之前将自己的亲信,当时的大夫王铁叫来,吩咐他这样、那样的。次日,王铁带着安禄山来拜见李林甫。一路上,两人相谈甚欢,但是一进了相府,王铁就像变了个人似的,立刻收起笑容,并且快步小跑进去,跑到李林甫的面前,毕恭毕敬地给李林甫施礼,礼毕之后,再低头弯腰细声汇报工作情况。

安禄山还是第一次见到这种情况。他不知道,原来除了皇上以外,还有一个"土皇帝"。要知道,当时的大夫并不比宰相低多少个等级,两人之间的官职、地位悬殊并不是非常大,然而大夫见了李林甫,比见了皇上还要恭敬、顺从。这是天子脚下啊,李林甫竟然都能拥有如此的势力,可见非同一般,其背后的力量定然是他安禄山这辈子都不能比拟的。于是,安禄山顿时放下了傲慢的心理,也学王铁一样,哈腰低头跟李林甫讲话,大气都不敢喘一下,也不敢直面李林甫。在他心里,李林甫已经是神一般存在的、拥有巨大能量的人物了。

见威慑的作用达到了,李林甫决定开始实施第二步,那就是他的"独门秘诀"——"读心术"。当然,李林甫可不会什么武林秘籍,但是他在官场数十年着实练就了一种独特的本领,就是揣摩别人的心思。这也就是人人都知道他口蜜腹剑,却总会陷入他的圈套的原因。据说,只要他和你随便说上几句话，就能够知道你是个怎样的人，并且能够知道你心里在想什么。时人都非常怕他，不敢与他走得太近；但又不敢不迎合他，因为只要一得罪他，就有你好受的，甚至要以付出生命为代价。在他的手里丢了性命的不在少数，许多人死得凄惨，尸首不全，连个葬身之地都没有。

这些，都是远在边疆的安禄山一时所不能了解的，也难怪他一时看走了眼。此时的安禄山被李林甫和王鉷的一场戏给吓蒙了，心里扑通扑通七上八下的，李林甫于是故意提高嗓音，叮嘱他要好好效力朝廷，并有意留下一句“皇上年岁已高，但是宰相还没老啊”，吓得安禄山更是战战兢兢。这不显然提醒他，你小子别给我耍什么把戏，我还没老糊涂，都看在眼里呢，不信你走着瞧！

后来，安禄山见了李林甫都毕恭毕敬，不敢有丝毫怠慢。而李林甫每次都不等安禄山多说，就把他要说的话给说了出来，让安禄山倒吸几口冷气，即使是极寒的三九天，他也能惊恐得汗湿衣背。以至于，当他返回到边疆后，每每有人从长安回来，他都会打听李林甫说了些什么。如果听到李林甫说了表扬他的话，他就会很开心，可以睡几个安稳觉；而一旦听到李林甫说“告诉安大夫，让他老实一点”，安禄山心里就会拔凉拔凉，十分担心。而与此同时，他也更加希望快一点实现自己篡权的野心。

有人说，因为李林甫一直压制着安禄山，所以安禄山在李林甫在世时都不敢轻举妄动，因此唐朝多了十几年的安乐日子，之后才爆发安史之乱。这种说法并不是没有道理，安禄山确实一直都盼着李林甫和唐玄宗归西，特别是李林甫，安禄山非常忌惮他。因此李林甫死后，安禄山很快就于天宝十四载(755)十一月，以清君侧为借口，以铲除忤逆杨国忠为理由，于范阳起兵，发动了可能彻底改变大唐历史的“安史之乱”。虽然他最终失败了，但是安史之乱后大唐由盛转衰，并且出现了藩镇割据的局面，外地将领拥兵自重，在军事、财政、人事方面不受中央政府控制的局面，一直持续百多年直至唐朝灭亡。安史之乱的恶劣影响深达百年，对于唐朝来说，不可不谓是致命的。

我们理清这段历史，安史之乱的矛盾和导火线是杨国忠无疑，但是根源呢？是谁当初为了一己私欲而拼命维护安禄山，然后又与他交好，助长他拥兵数十万，最终反抗朝廷的？是李林甫。我们不能说李林甫用权术计谋压住了安禄山，就是李林甫的功劳，因为他压制安禄山，从始至终都是为了不让安禄山对自己造成威胁，并且能为他所用。而他不顾社稷安危，为了一己之私维护理应受罚的安禄山，提拔他、重用他，与他利益相护，却是造成安史之乱的根由所在。因此，大唐由盛转衰，安史之乱是转折点，而李林甫就是这个转折点的关键推动力。李林甫一是主动让安禄山坐大（提拔、重用他），一是促使其被动坐大（安禄山为保护自身不受李林甫陷害而不断增加兵力），这就是腐败政治下的恐怖后果。大唐自此由一个丰衣足食、富庶安康的国度，开始转向了衰落。

## 第四节　作恶多端终究身死家灭

在李林甫达到权力顶端的时候，这时候不得不提一个人，他就是之前已经讲过，下一章节的主人公杨国忠。这人既是李林甫连兴大狱时的得力助手，也是将李林甫推向灭亡的关键人物。

在对太子李亨进行连续性诬陷的时候，两人狼狈为奸、互相利用，可谓是合作得天衣无缝。为什么李林甫已经官居相位，仍旧要对杨国忠如此重视呢？李林甫是一个很会审时度势的人，此前武惠妃受宠的时候，他就竭力攀爬，不惜为了给寿王争夺太子之位而与现在的太子李亨作对到底。武惠妃死后，杨贵妃成为唐玄宗最宠爱的妃子，杨氏成为当时最显贵的一族。杨国忠就在此时凭借着杨贵妃的得势而登上了政治舞台，成为一时无二的皇亲国戚。因此，在杨国忠讨好政坛权贵李林甫的同时，李林甫也卖力拉拢当红国戚杨国忠，二人是臭味相投，各有所需。

李林甫在对太子的陷害中是下了很大赌注的，因为构陷不成就有可能反被铲除。为此，两人分工合作，心意相合。他们在京城，天子脚下另外设置了一个叫作立推院的部门，专门针对李亨党羽大兴严刑酷狱。李林甫作为始作俑者，而杨国忠则充当先锋，每一次针对李亨的诬陷，都是由杨国忠打头阵，率先发难。杨国忠之所以有如此胆量与李亨叫板，主要有三个原因。一是仗着杨氏是皇亲国戚，势力如日中天，李亨虽然贵为太子，但是也不敢得罪杨贵妃。在此时的唐玄宗心中，杨贵妃才是第一位的，如果得罪了杨贵妃，他李亨就很有可能落得如之前的太子一样被残害的下场。第二就是杨国忠有李林甫这个靠山。李林甫是当朝最得皇帝宠爱的臣子，位居一人之下万人之上，他们俩是一条绳上的蚂蚱，如果他出了什么事情，而李林甫见死不救的话，他必然会将李林甫抖出来。李林甫奸诈无比，阅人无数，不可能对这层关系不明白。第三就是杨国忠的野心，这也是最关键的一个。李林甫占据相位十多年，如今也渐入老态，而他杨国忠正值壮年，还未拜相，这是一次难得的机会，他不放手一搏恐怕再没机会。

因此，李林甫和杨国忠你唱我和，里应外合，杨国忠每次都对李亨率先发难，总想置其于死地，这让太子李亨非常恼火。但因为忌惮于杨贵妃的受宠，以及李林甫集团的不断构陷，他不能轻举妄动，否则就真的中了他们的圈套。现在，李亨只能求自保，同时暗中蓄积力量，准备反击。

杨国忠豁出去做这么多事情，无疑就是想借助李林甫的力量得到提拔，登上高位。然而，对于老奸巨猾的李林甫来说，他才不可能提拔杨国忠。杨氏已经是非常有权势的一族，杨国忠是杨贵妃的族兄，有着天然的优势，如果他李林甫还要提拔杨国忠，那不是给自己找对头吗？李林甫善妒，连唐玄宗都说他的妒忌之心天下无二，一生所做最多的就是铲除对手，因此决然不可能让杨国忠成长为自己的对立面。合作之外有竞争，一开始李林甫觉得杨国忠才疏学浅，不会很快成长起来，但眼看着杨国忠越来越受宠，位至中司，权势开始倾轧朝廷，对李林甫而言，这无疑是一种绝大的威胁。李林甫于是看在眼里，急在心里，对杨国忠就有了厌恶和怀恨之心。

为了能够抵抗杨国忠的势力，李林甫决心要利用王𫟹与之抗衡。当时，杨国忠与王𫟹同为御史中丞，按照杨国忠的想法，他为李林甫做了这么多事情，按道理说应该提拔他才对，为什么却提拔他的对手王𫟹为御史大夫呢？因此，杨国忠也对李林甫怀恨在心，开始有了将他铲除的想法。

以王氏为焦点，两人终于从一开始的合作走向了对立面。特别是杨国忠，实力与日俱增，日渐得到唐玄宗的欢心和宠信。天宝十一载（752），报复和铲除李林甫的机会终于来了。王铁之弟王焊与刑绰图谋作乱，想要杀死李林甫、陈希烈、杨国忠等人，但最终事情败露，他们成了阶下囚。唐玄宗命令杨国忠和陈希烈一同审讯两人。对于杨国忠来说，这是个千载难逢的好机会；对于李林甫来说，这是一个改变命运的转折点。杨国忠在这次审讯中，有意要诬陷李林甫，于是就威逼犯人，将王铁也拖下水。杨国忠最后定案的时候，跟唐玄宗汇报说王铁也曾参与密谋，还说李林甫在暗中沟通王铁，也是共犯。为了让唐玄宗能够相信他的审讯结果，杨国忠还让陈希烈从旁作证。王铁无端被判了谋反罪，被赐死。但是李林甫凭借其口才和多年的官场经验，并没有因此获罪。不过，自从这件事情之后，李林甫就被唐玄宗疏远了，他和杨国忠的势力就有了戏剧性的反转。王铁死后，他所兼的职务全部都归杨国忠，这无疑大大增强了杨国忠的势力。

李林甫对于杨国忠的这次构陷，越想越是气愤。素来都是他李林甫算计他人，没想到如今却也被人算计了。真是常在江湖走，哪有不湿鞋。然而这鞋子湿得太严重了，他不仅失去了一个牵制杨国忠的得力助手，更让自己都差点陷入险境。在杨国忠诬陷王铁的时候，他是坚持为王铁做无罪辩护的，最终都无济于事，只能保得自己的平安。李林甫知道，唐玄宗已然不大信任他了，朝廷的大势开始逐步向杨国忠倾斜，他不能眼睁睁看着杨国忠得逞。

这一年的十月，南诏寇边，剑南这个地方告急。李林甫为了将杨国忠调离朝廷，然后再伺机杀害他，就向唐玄宗提出让杨国忠兼任剑南节度使，前往剑南指挥作战。杨国忠听闻，假意不愿意去，于是向唐玄宗哭诉："陛下，请您救救我啊！李丞相提议调任我去剑南是假，想报复我此前调查到他参与王氏造反一事，希望借此加以谋害我是真啊！臣万万不能去剑南啊！"

"爱卿不必多虑！"唐玄宗安慰他，"你先去处理了剑南的事情，我保证很快就会让你回朝，到时候就封你为宰相。"

唐玄宗言下之意，就是希望杨国忠借此剑南一事，以立下军功之名回朝受封。看来，他早就有踢走李林甫，提拔杨国忠的意思。这一点，杨国忠和李林甫听闻,又怎么会不知呢?听唐玄宗这么一说,杨国忠有了信心,目的也达到了,自然是奉旨去了剑南处理边事。而李林甫听到了,却气愤非常,他本来是想借机削弱杨国忠势力,甚至铲除杨国忠的,没想到反而让杨国忠得以晋升。这么一来,李林甫自知三十年河东三十年河西,自己的大势恐将不再,因此心中郁闷成病。加上不久唐玄宗又命令他跟随自己前往华清宫,结果病情更加重了。

"您只要去见见皇上,病就好了!"巫医怂恿他。

听到李林甫病重不能下床,唐玄宗本来想亲自前往其府中探视,但是被侍臣阻止,说怕皇上被感染就不好了,于是就命人将李林甫抬到了庭院中接见。只见唐玄宗登上降圣阁,举起红巾招手慰问。李林甫已病重不能起身,只好让家人代拜谢恩。礼毕,李林甫又被抬回了华清宫。

不久之后,杨国忠就被召回了朝中。此时杨国忠不过刚到剑南,听闻李林甫重病,心中是半信半疑。等他火速赶回朝中,收到唐玄宗的命令前往华清宫谒见李林甫,拜于床下之时,仍旧是心有忌惮。他和李林甫曾经一唱一和,共同对付李亨,对李林甫的手段和计谋是早有所闻,此时他想,恐怕这老头子此时是在装病,心中不知道又要耍什么阴谋诡计了吧。因此,杨国忠表现得小心翼翼,而李林甫却真的没有多少心思去算计他了。为官数十载,李林甫一生都在与人明争暗斗,在他的口蜜腹剑之下,不知道多少人遭了殃。此时病重,他却有一种解脱的感觉,也感到非常的疲惫。当然最大的不安是眼前这个人。他很是担心自己死后,自己和家族会遭其构陷。毕竟,他对自己一生所为,也是心知肚明的。

"杨大人,我是将死之人。俗话说,人之将死其言也善,你肯定很快就升任宰相的,我预先祝贺你,并请求你一件事,希望能够将我的后事托付于你。"李林甫恐怕很多年都没有这样去求人了。

"不敢,不敢,宰相您一定吉人天相,很快康复的,您好好休息,勿要多想!"杨国忠对李林甫还是心存忌惮,匆匆退出。

果然,天宝十二载十一月二十四日(753 年 1 月 3 日),李林甫病逝,由诸子护灵返回长安,发丧于平康坊府邸。唐玄宗追赠他为太尉、扬州大都督，并赐班剑武士、西园秘器。而在李林甫病逝后不久，杨国忠如愿拜相，成为了另一个李林甫。

别以为这事就这么完了。比起李林甫，杨国忠的狠毒是有过之而无不及。虽然李林甫已死，但是他的党羽和儿子却还势力犹在。作为一个经常做见不得人的事的人，斩草除根才是他们的作风。留下同党和亲属，无异于给自己埋下定时炸弹。同年，杨国忠与安禄山合谋，诬告李林甫与叛将阿布思约为父子，同谋造反。安禄山还派阿布思部落的降将入朝作证。唐玄宗命有司审理。李林甫的女婿杨齐宣担心自己受到牵连，便附和杨国忠，出面证实。当时，李林甫尚未下葬，被削去官爵，抄没家产，诸子被除名流放岭南、黔中，亲党中则有五十余人被贬。唐玄宗还命人劈开李林甫的棺木，挖出口内含珠，剥下金紫朝服，改用小棺以庶人之礼安葬。一代奸臣，算计一生，最终也落得身死家灭、死不安宁的结局，正是邪不胜正的写照，腐败政治下场的最佳警示。

# 第七章　杨国忠：专权误国的流氓外戚

杨国忠，本名杨钊，唐朝蒲州永乐人。杨贵妃同曾祖兄，张易之之甥。唐中期权臣，奸臣。专权误国，排挤忠良，起用奸佞，败坏朝纲。杨玉环得宠于唐玄宗之后，升任宰相，与安禄山的矛盾最终导致了安史之乱的爆发，与太子李亨的矛盾最终使杨国忠被杀。卒于唐玄宗天宝十五载六月。

## 第一节　小混混"三十而立"

终于说到杨国忠，这是唐玄宗时期无论如何都绕不过去的一个角色。他前期与李林甫纠缠在一起，靠着自身的手段排挤走了李林甫；而在他生命后期又走进了一个姓李的（李辅国，下一个章节会讲），这人却将他性命葬送。这还真有点让人玩味。

杨国忠，我们前面讲过，他的本名是杨钊，是杨贵妃的族兄，隔着几代的那种，亲戚关系疏远，不是直系。在杨玉环成为唐玄宗最宠爱的妃子之前，他和杨玉环从来都没有见过面，也没有听说过对方的姓名。杨钊的祖辈、父辈都定居在当时的蒲州永乐，也就是现在的山西永济市这个地方。杨钊的父亲名叫杨珣，曾经担任某参军，是个小官，事杂钱少，他的薪俸勉强维持家庭开支而已，因此杨钊小的时候家中生活比较穷苦。不过杨钊的母亲张氏，则和武则天有些关系，她是武则天最得势的男宠张易之的妹妹。只是到了杨钊这里，这点关系其实已经用不上了，对于他们家庭环境的改善根本没有作用。古人都说穷人的孩子早当家,生在这样贫苦的家庭,按理说杨钊应该是一个很懂事的孩子。可是凡事都有两面,贫穷可以使人长志气,也能让人自甘堕落,杨钊就属于后者。

在30岁之前,杨钊在家乡就很有名了,不过是个恶名,成为邻里口中别人家的坏孩子、乡邻的耻辱。为什么呢?因为他从小就是一个小混混、无赖,正经事儿没干几件,吃喝嫖赌倒是无师自通,一件不落,而且言行举止轻浮放荡,让乡邻们见了都避之唯恐不及。

孔子有一句话说“三十而立”,杨钊在30岁的时候回顾着自己那穷困潦倒的30年光阴,再想到乡亲们每天的白眼和侧目,他好像忽然醒悟过来一样,作出了一个改变他一生轨迹的决定,那就是去参军。然而并不是他真的浪子回头,他只是觉得在家乡已经混不下去了,参军或许还能混出些名堂来。于是,他从山西跑到了现在的四川当了一个屯田兵。什么是屯田兵呢?就是保持着军队的编制,平时练兵,闲的时候就让士兵开垦荒地,种植农作物以供军队粮草。进入部队之后,杨钊倒也老实了很多,一改往常吊儿郎当的痞子气,表现非常积极、勤快,而且爱动脑子,工作做得很麻利,很快就作出了优异的成绩。这让他的直接上司很满意。按理说,杨钊算是立了一份功劳,理应得到提拔,但是他上司上面还有一个官儿啊,那人就是当时的益州长史张宥。张宥对杨钊在工作上的表现没有什么不满,但却打听到他一些工作外的事情,觉得他这人不怎么行,很不想提拔他。但是杨钊的功绩摆在那里,要论功行赏啊,怎么办?张宥只好要了个心计,趁着杨钊一不小心犯了个小错,就命人赏了他一些棍子,算是抵了一些功劳,然后才给了一个新都尉的小职务让他做。杨钊没办法,只好听从张宥的安排。

张宥的眼光其实挺准的,杨钊的为人确实不行,这种人一得势就必然会生出祸端,从他发迹后的所作所为就可知。然而仅凭张宥的力量并不能阻止杨钊往上爬的意愿。新都尉是一个小职位,所得薪酬只够杨钊自己勉强度日,甚至没有闲钱给他去过两把手瘾(杨钊喜爱赌博)。在这样一个清贫的岗位上退下后,杨钊一度穷到连饭都吃不上。在这种情况下,岗位期满之后,杨钊就不再继任。这时候,他生命中最重要的一个贵人走了进来，这人就是富甲一方的土豪鲜于仲通。张宥不看好杨钊，但是鲜于仲通却对杨钊“情有独钟”，对他评价很高，认为他有貌有才，对他机智的言辞、灵敏的应变能力很是赞赏，心中默默认定他以后一定会有所成就。于是，鲜于仲通不顾一些门客的反对，对他进行经济上的支持，希望让他渡过难关。可惜江山易改，本性难移，一有钱，杨钊就手痒痒了，一会儿就在赌场输了个精光，并欠下一笔赌债。不好，玩大了，没钱还被人追债，杨钊只好卷铺盖逃跑，一跑就跑到关中，凭借他的口才弄到了扶风尉这个职务。然而，还没做几天，杨钊又不干了。

“还是回四川去吧，求鲜于仲通疏通一下。”关中人生地不熟，杨钊还是跑回了四川，拜在了鲜于仲通的门下。鲜于仲通丝毫没有嫌弃，反正对他来说，多个人只是多双筷子，按照他的财富来说，就算养杨钊一辈子，也不是问题啊。关键还不在此，古人养门客，一是为了壮势，二是为了随时可供采用，三是长远打算。什么长远打算呢？就是希望自己的门客中将来有人能够飞黄腾达，说不定日后会成为自己成就大业的好帮手，甚至在自己遭遇变故的时候能够反过来帮自己一把。因此，鲜于仲通一点儿也不在乎别人对杨钊的看法，他觉得杨钊非常能说会道，心想说不定像他这样的人日后会发达，到时候自己还有求于他也不一定。因此，他毅然收留了杨钊。

恰好，不久杨钊的堂妹杨玉环就被唐玄宗封为了贵妃。听到这个消息，杨钊心里忽然就亮了，这不是机会来了吗？杨钊此前一直是个小混混，投机取巧这样的事情，他做得最多了。现在机会就在眼前，杨钊自然不会看着机会白白溜走。何况，很多不相干的人，都在想尽办法接近杨贵妃。这其中，剑南节度使章仇兼琼就是一位。因为这时候，李林甫手握大权，把控朝政，文武百官在他的专权之下每天提心吊胆，害怕一不小心就被李林甫设计，中了李林甫的圈套，丢了职务。章仇兼琼与李林甫有矛盾，因此他想为自己找个强硬的后台，让李林甫不敢轻易对自己动手。不过章仇兼琼一来走不开，二来不方便亲自巴结杨贵妃，于是他到处打听杨贵妃的消息，最后知道杨贵妃很可能出生在四川（关于杨贵妃的籍贯和出生地向来有不同的说法）。

“也许她在那边还有个亲戚什么的,得找个合适的人帮我打点一下才行。”章仇兼琼这样想着,就派心腹去暗中寻找这个合适的人。

正好,这个章仇兼琼和鲜于仲通是多年的老朋友了,当得知章仇兼琼的需求后,鲜于仲通马上将杨钊推荐给了他。

“杨钊能说会道,而且是杨贵妃的远房堂兄,如果兄长让他代为效劳去打点关系,定然会事半功倍。”鲜于仲通对他的门客非常有信心。

杨钊于是在鲜于仲通的引荐下拜见章仇兼琼。只见杨钊精神百倍地站在章仇兼琼眼前,若不是知根知底,还真看不出他是一个不学无术之人。因为杨钊身材高大,面貌端正清秀,而且口舌伶俐,头脑灵活,脑筋转得很快,这让章仇兼琼很高兴。

“真是不可多得的人才,这样吧,你就作为我的推官,马上去长安一趟,就说是替我给皇上进献特产宝物的。”章仇兼琼迫不及待要杨钊奔赴长安。

杨钊麻利地告别了章仇兼琼和鲜于仲通,坐上了装满本地珍贵特产、赶往长安的马车,奔向了他人生又一大转折点。天宝四载(745)十月,杨钊终于来到了长安。此次前往京城,对于杨钊来说,真是求之不得的良机,他既能够卖一个人情给章仇兼琼和鲜于仲通两人,自己又能够很体面地离开四川给自己一个翻身的机会,何乐而不为呢!因此,即便是没有章仇兼琼的嘱托,他也会履行挨个拜访杨氏诸姐妹的职责。要知道,现在皇帝身边除了最受宠的杨贵妃之外,杨贵妃的三个姐姐都被唐玄宗宠爱着。杨贵妃不容易见到,但是杨氏三姐妹却相对好见很多。何况,现在还有章仇兼琼送上的礼物,他以章仇兼琼属官的身份前去与自家姐妹认亲,更加容易成事。于是,他给自家姐妹都送上了精美的四川宝物,还不忘告诉她们这是章仇公送的。杨家姐妹见有人来攀附自己,还能够收到名贵的特产,自然是心中欢喜不已。

“皇上,近年来边疆偶有动乱,真的苦了很多守卫的将士们。我们听远房兄弟杨钊说,蜀地的剑南节度使章仇兼琼非常尽忠职守,兢兢业业,为守护我朝西南边界出了很大的力气,皇上是不是该给他一些赏赐,以示嘉许呀?”杨氏三姐妹趁着唐玄宗心情好,向他撒娇道。

“必须嘉许,必须嘉许,蜀地是很关键的边镇重地。不过,你们还有一个远房兄弟在蜀地,我怎么一直都没听你们说起过他?他现在任什么职务?”唐玄宗被成功吊起了胃口。

“他一直在蜀地,我们很难得才见一面。这不,他在剑南节度使章仇兼琼手下做推官,替剑南节度使进献贡品,才终于见上一面。他现在人还在长安,长得是器宇轩昂,谈吐不凡,而且樗蒲(一种赌博游戏)玩得非常不错,要不要妾身领他入宫拜见皇上您?”

杨氏三姐妹很会步步为营,让唐玄宗不知不觉就掉入其语言陷阱。而且,她们很会抓住唐玄宗的爱好(樗蒲),这让唐玄宗听了心中痒痒。在得到杨贵妃和杨氏三姐妹之后,他的心思都在玩乐和酒色上。得知杨钊精于樗蒲,唐玄宗很高兴,终于有了对手。于是,唐玄宗让杨氏三姐妹安排杨钊进宫参见自己。唐玄宗一看,果然如杨氏三姐妹说的是一个好男儿模样,嘴又麻溜得很,于是念在他是贵妃的同族兄长,而且还是一个不可多得的樗蒲高手,便将他留在京师,还给了他一个职务。从这开始,杨钊就算是踏入仕途了。虽然,也不过是一个没什么实权的小职务。但是别小看这个小职务,他因为是杨贵妃的堂兄,又因讨得唐玄宗欢心的关系,得到特别准许,可以随供奉官出入禁中。这对于一般的老百姓来说,就是天大的恩赐了。然而,杨钊的野心很大,他不想永远这样跟在别人屁股后面走,而是要走到他人的面前;他不要只有别人带路的情况下才能出入宫中,而是想要随时都能自由出入。为此,他没少在杨玉环和唐玄宗面前竭力讨好他们,并且很快就得到新的任命,成为了金吾兵曹参军。

就这样,杨钊在年过30岁之后,凭借着自己是杨贵妃的远房堂兄的关系,从一个市井小混混到军中士兵,再到如今终于挤进了唐朝官僚体系,也不过是为他日后的步步经营打下了基础。但同时,因果相报,也为他日后凄惨的下场埋下了伏笔。

## 第二节　巧为钻营步步高升

小混混“三十而立”,虽然对于很多人来说踏入仕途的时间有些晚了,但是起点不低，而且晋升神速，可以用“巧为钻营步步高升”来形容他坐上宰相高位之前的这段时间的为官经历。

我们先来说他是如何巧为钻营的。杨钊有着别人所没有的独特资源，也就是自己的远房堂妹杨贵妃及其姐妹，这份沾亲带故的关系让他在皇帝面前非常吃香。特别是他本身是小混混出身，非常善于投机取巧，说话那是八面玲珑，谁也不得罪，谁都讨好。因此，不仅杨氏姐妹很喜欢他，把他推荐给皇帝，连皇帝都对他另眼相待。每次唐玄宗在宫中设宴，杨钊都必然早早来到，然后也不急于表现自己的樗蒲技巧，却甘心做个“记分先生”，为玩游戏的帝王妃子们记账。只见他每次计分又快又准，而且懂得灵活处理，这样不至于让输家显得难看，赢家也有面子，输赢都皆大欢喜。

“杨钊，我看你天生就是一个度支郎中！”唐玄宗禁不住当面称赞他。什么是度支郎中？那是朝廷的一个要职，是户部负责统计核算财赋收支的官吏。说白了，就是专门管钱的职位，是很多贪官污吏梦寐以求的肥差。

唐玄宗只不过是随口说一句，表示对杨钊这么精明能算的赞扬，根本就没有真的想让杨钊做度支郎中这样一个重要的官职。但是说者无心，听者有意，杨氏姐妹为此和唐玄宗较上劲了，不断抓住唐玄宗这句话柄，要求唐玄宗给他升官。

“陛下，您都亲口说杨钊是一个能干的度支郎中了，那就让他真的做个度支郎中吧。陛下可是金口一言九鼎，不能反悔哟。”杨氏姐妹极力撒娇、唆使。唐玄宗本来并没有这个打算，但最终还是拗不过杨氏姐妹的甜言蜜语，一时也没有想到杨钊的野心之大，于是就顺水推舟，卖了个人情给杨氏姐妹（最重要还是讨好杨贵妃），就先让杨钊在御史中丞王鉷处报个到，做个判官。

凭借着杨贵妃及其姐妹的多次力荐，杨钊从此开启了“开挂”的人生，仕途畅通不断高升。以至于，杨钊在当上宰相之后，还时刻记着杨贵妃及其姐妹的好。不过，溺爱也是伤害，在飞黄腾达的同时，一开始就心术不正的杨钊也在歪路上越走越远。

天宝七载（748），杨钊当时的本职岗位是给率中，这是一个要职。同时，他还兼任御史中丞和专判度支事这两个职务，手里掌握着国家的财政大权，可以说是风光一时无二，上升之快也是令人不可思议。尽管如此，杨钊还不满足，他的目标是一人之下、万人之上的宰相。因此，手里握着实权，杨钊就更加大胆开始动他的歪脑子了，最后竟然动起了百姓粮仓的主意。粮仓是什么概念？每当国家或地区发生灾荒，各地粮仓就会开仓赈灾。对于老百姓来说，那是灾害面前最后的救命稻草。这是关乎民生大计的事情，杨钊不仅动了这根稻草，而且还令唐玄宗非常高兴。你猜他是怎么做到的？

“陛下，经过您这些年的励精图治，如今国泰民安，天下太平，各地粮仓丰实，前所少有，这是陛下之功、社稷之福。现在家家安居乐业，衣食无忧，粮食常年堆积在粮仓里很容易腐烂、发霉，到最后白白浪费掉。还有囤积的布匹也是如此。臣建议，不如将现有仓储的粮食、布匹卖掉，还有各地征收到的地税一类税收都用来充实国库。”

杨钊这话说得真是滴水不漏，既对唐玄宗的政绩进行了奉承，又能够不动声色地剥削民脂民膏。最重要的是，这件事情最终还是要落到他这个财政大臣的手中，他就可以从中大赚一笔。现在的国库主要是存放黄金一类贵金属财产，然而唐朝的国库除了金银珠宝、钱币之外，还存放上等的粮食、绸缎等，这其中很大一部分都是供皇亲贵族享用。在君主专制的时代，国即是君王的家，国库很大意义上就是皇帝家族的私人保险箱。唐玄宗沉溺于杨贵妃的温柔乡中，已无多大心思打理朝政，但每年骄奢淫逸花费甚巨，因此，对于杨钊的提议，他打心眼里是一百个赞成。反正这件事情交给杨钊来做，出了事也是他背黑锅。而这，也正是杨钊巧为钻营的体现。他知道唐玄宗的弱点，搜刮民脂民膏充实国库正好可以弥补唐玄宗的巨大花销，营造一种国家在皇上的精心打理下日益昌盛的感觉。

这一招很管用。次年，多次听杨钊说国库非常充实，古往今来都不多见的唐玄宗，决定前往左藏宝库去看一看。果然，当唐玄宗和文武百官来到国库前，大门一开，迎面而来的就是堆积成小山的黑压压的各类物品，看得大家心花怒放，眼都直了。唐玄宗没有想到国库果真充实到如此的境地，十分开心，大大地称赞了杨钊很有能力，在一两年时间里为充实国库作出如此成效。

“政绩”摆在眼前，升迁又是意想中的事情。没错，杨钊再次高升，这次兼职专门负责管理和支配钱粮的太府卿。而且，为了表示朝廷的嘉奖，唐玄宗还特别赐予杨钊紫衣金鱼袋。这是一种无上荣誉的象征，杨钊此时此刻无疑就是皇帝身边的红人，地位忽地一下又拔高了不少。很快，他又将兵部侍郎的职位收入囊中，成为了掌握着财政、钱粮、兵权于一身的朝廷重臣。手握多方大权，此时的杨钊，已经不再是当初那个被益州长史张宥看不起的小士兵。相反，益州长史张宥根本不在他的眼里。可以说，除了唐玄宗、宰相李林甫，还有少数手握大权的重臣、皇亲国戚，其他文武百官，很少有人敢招惹他。

但是杨钊还不满足，他还野心勃勃往更高处攀爬。天宝九载(750)的时候，杨钊忽然提出莫名其妙的说法，他认为自己的名字很不吉利，因为“钊”字拆开来就是一个金字和一个刀字，这两个字都与铜铁利器相关(金有冶金、炼制铜铁等利器的意思)。古人迷信，利器不利于身，暗藏凶机。这么一分析似乎有些道理，但是之所以说莫名其妙就在于，杨钊这个名字用了这么久，除了前30年他自己不作为之外，30之后反而凭借与杨贵妃的族亲关系，以及自身的投机取巧飞黄腾达，哪有什么不利啊！简直再吉利不过了。只要再往深处一想，就可知，他不过是借此想让唐玄宗表彰自己的功劳，使自己的身份地位更高人一等罢了。皇帝赐名，在古代那是何等的荣耀！

唐玄宗听到杨钊要自己给他改名，心里也很高兴。从认识杨钊以来，唐玄宗就多了很多乐趣，少了很多烦恼，因为杨钊是一个非常识趣、懂得制造乐趣和为他人排忧的人(其实就是拍马屁，迎合皇帝喜好)。赐名给杨钊，也正好一表自己对臣子的关爱，让杨钊从此更加死心塌地跟着自己，给自己解决很多不方便亲自解决的难题，唐玄宗何乐而不为呢？因此，思前想后，唐玄宗决定赐他一个“国忠”的名字：对国忠诚，对自己无二心。由是，杨钊变成了杨国忠，完成了他钻营事业上最大的一步棋。有了皇上赐名，这就相当于买了一个长期的保险，即使自己犯事，皇上也总不能拆自己的台吧。事实证明，对于杨国忠越来越放肆的言行和对社稷的“不忠”，唐玄宗怎么可能充耳不闻呢？只不过，杨国忠从来没有背叛他的心，唐玄宗也就睁只眼闭只眼。更何况，杨国忠搜刮来的财物，很大一部分都落入了唐玄宗手中，两人根本就是站在同一条战线上的。

然而我们知道，当时朝廷上的老大并不是他，而是口蜜腹剑的李林甫。这是一个厉害的角色，很多人都莫名其妙栽在他的手里。但是杨国忠却能够在善妒的李林甫手下步步高升，这说明杨国忠确实也很有手段。最重要的是，他有砝码啊，凭借着他和杨贵妃的关系，以及得到唐玄宗的另眼相待，朝廷上就不乏想要讨好他的人。这其中，李林甫就是一个。

欲壑难填，说的就是李林甫、杨国忠这样的人。李林甫已经是万人之上的宰相，但是他却依旧想要巩固并壮大自己的势力，好为自己做的那些伤天害理的事情埋单。纵观朝廷之上，能够为其直接提供这方面帮助的只有杨贵妃，杨贵妃是最能俘获唐玄宗心的人。但他与杨贵妃不熟，于是就曲线救国，瞄上了杨国忠。而杨国忠的目标正好是李林甫的位置，他同样需要李林甫的帮助。两人都有着同样的利益诉求，为此一拍即合，在朝廷上唱起了双簧戏，使原本就不清净的朝廷更加乌烟瘴气。

两代巨奸合璧出击，动作必然非凡，最大的举动就是联手构陷太子李亨。这一点，在李林甫那一章有详细的介绍，在这里就不复赘言。这里主要讲的是杨国忠为什么要与昔日战友分道扬镳，并将利益矛头对准李林甫。其实说白了很简单，就是利益之争到最后必须要取得一个平衡点，这个平衡点就是如何分配权力。李林甫是在位宰相，有着架空朝廷的嫌疑，而且他只能一直强势下去，不然稍有不慎就会被诸多仇敌乘隙报复，从此性命难保。可见，权力之争只要开启很难有回头路，这是一条黑道，只能走到底，而且结局必然是悲惨的。看到杨国忠在自家的帮助和他自身高明手段之下势力愈发壮大，野心逐渐显露出来，对自己构成了威胁，李林甫便想尽办法对其进行打压。为此，在一个难得的职务上，李林甫没有推荐杨国忠担任，而是将它给了杨国忠的对手王铁。这意思太明显不过了，杨国忠非常气愤，决定对李林甫发起反攻。由此李杨之争正式拉开帷幕。

而在他们两人之上，别忘了还有一个唐玄宗。对于李林甫，唐玄宗太了解，他说李林甫的善妒天下无双，因此他宠信杨国忠，就不可能不知道李林甫会因此与杨国忠挑起矛盾。这很有意思，我们都说三个女人一台戏，但其实只不过是一场小闹剧，而三个大男人在一起，却是一场权势的大斗争。唐玄宗作为两人的主子，也是他们争相巴结的对象，虽然在政治上表现出昏庸，但是对于尽人皆知的李杨之争，他是有意忽视不理的。为什么呢？原因很简单，李林甫架空了唐玄宗的皇权，对唐玄宗构成了威胁，他早就想培养一个代理人来解除这种威胁。杨国忠的出现，正好给他一个天赐良机。在权力上争斗的男人，对权力的敏感度是很强的，唐玄宗也看得出杨国忠有着很强烈的权力欲望，而且颇有手段（从他快速聚敛天下之财充实国库就可见一斑），是能够与李林甫抗衡的对手。如果培养得好，可以成为相位的接班人。最重要的是，如果杨国忠听话，唐玄宗就能够将被李林甫夺去的部分皇权收回手中（当然，这很天真，毕竟鱼与熊掌不可兼得，权力放出去就很难收得回来）。

权力与鲜血的游戏，从来都是这么残酷。在唐玄宗手中，玩得更多了几分戏剧性罢了。从这里，也可以看出在唐玄宗的统治下，开元之治的后期是多么的腐败。上梁不正下梁歪，君臣沆瀣一气，都将江山与天下的百姓置于个人私欲之下。为了能够尽快压制李林甫，取而代之，杨国忠加快了自己的势力布局。除了继续讨好杨贵妃之外，还勾结唐玄宗身边的宦官高力士。高力士虽然权重，但是对唐玄宗是忠心耿耿的，因为他的繁荣富贵，全都仰仗唐玄宗。李林甫就是高力士扶持上位的，但是如今眼见李林甫目空朝廷，对自己也不放在眼里，高力士只好另外培养一个值得信赖的合作伙伴，这人无疑就是杨国忠。看到这，就可以清晰地看出，宫内的势力斗争（宫外就是各大将军控制的藩镇之间的争斗）可以分为主要的三派：一派是李林甫的，撒网很深，触角很广，势力最大；一派就是唐玄宗、高力士与杨国忠，经常处在弱势；还有一派最神秘的，就是太子李亨的，被两派夹击，却总能逢凶化吉，他是在暗暗蓄积力量。

处在弱势的一派共同挑选杨国忠作为代表与李林甫进行较量，结果自然不大可观。他们耍的是政治手段，互不服软，但是李林甫之所以能够这么横，连主子都不放在眼里，是因为背后有雄厚的军事力量的支持，这股力量就是安禄山的20万大军。而太子李亨在他们多次构陷中能够安然无恙，同样是因为有着西北方镇军事力量作支撑。这两大军事阵营，都是边防的重要力量，后来安史之乱数年的军事较量，也就是这两大阵营在厮杀。可见，唐玄宗之所以不敢轻易动李林甫和太子李亨，根本原因在此。

杨国忠看出了这其中的道道，于是也想要培植自己的军事方阵。安禄山东北军、西北军肯定容不得自己，都是死对头，所以他只能另辟蹊径，那就是剑南军镇。这是杨国忠的老本营，他出生和从军的地方就在那里。这是杨国忠选择培植剑南军镇的其中一方面原因，另一方面原因就是恰好当时南诏王阁罗风起兵造反，这正是培植军事力量并借此立功的良机，怎容错过！当然，这在前一章节讲过，让杨国忠去统领剑南军镇原本是李林甫要谋害杨国忠、夺其权势的一个策略，但没想到老奸巨猾还是不敌杨国忠魔高一丈。杨国忠将计就计，反利用这次机会“履立军功”。

看到这里大家也就明白，这军功是造出来的，因为杨国忠选了一个不谙军事的庸才去率兵打仗，这人就是当地富豪、杨国忠原来的主子鲜于仲通。不得不说鲜于仲通能够成为大富豪确实有些过人的眼光，当初的短期收留和帮助，现在迎来了巨大的回报。不懂军事又怎样，他照样率领8万士兵攻打南诏王阁罗风。结果可想而知，8万大军最终死了6万，鲜于仲通差点也命丧战场。这是大唐一大败仗，损失惨重，可是到了杨国忠这里，鲜于仲通不但无罪反而有功，因而受到朝廷的嘉奖。

真是滑天下之大稽，能把黑的说成白的，唐玄宗居然也相信，可见这时候的唐玄宗是如何的昏庸，也可见杨国忠是多么的腐败。然而更腐败的还在后面，他指使鲜于仲通向唐玄宗申请让自己全权负责讨伐南诏的事宜，并让唐玄宗下令在长安、洛阳、河南、河北等北国地区大肆招募士兵。要知道，当时的南国地区瘴气很重，不是当地人很难适应其气候环境。三国时期诸葛亮率部南下，就遇到过瘴气困扰的问题。因此，北方士兵普遍不愿意前往南方打仗，青壮纷纷逃避。

好，你逃避是吧，那我就强征。抓壮丁！杨国忠不管三七二十一，硬是用强抓壮丁的方式抓来了大批青壮男子入伍，一次次对边疆发动战争，使得边疆军民苦不堪言，加剧了边境矛盾，引起了全国人民的怨愤。但是杨国忠不管，因为他能够借发动战争获得一次次的提拔，并笼络权势，形成自己的军事方阵。很快，他权势最盛的时候，竟然身兼四十多个朝廷要职，并且于天宝十一载（752）成功地在李林甫死后取而代之，坐上了梦寐已求的宰相之位，攀上了作为臣子的权力最高峰。

## 第三节　专权误国成为李林甫第二

俗话说，男人一有钱就变化，很多人在有钱之后就会抛弃发妻，包养小妾，做着龌龊的事情。然而，相比于权势获得者，这都不过是小把戏。有钱变化的影响力一般只在于自身周围，但是有权变化却能给一方百姓甚至一国社稷带来巨大灾害。本书所列举的一些得势者，如武三思、李林甫、安禄山之流，无不给天下带来了苦不堪言的变乱。当然还有这一章节的主角，杨国忠，他比起李林甫，可谓是青出于蓝而胜于蓝，有过之而无不及。

在接替李林甫相位之前，杨国忠就曾经信誓旦旦豪言壮语地说，“我要以天下为己任”。但是说得好听，他这话不过是糊弄唐玄宗和文武百官的。别说在他上任宰相之后，即便是在这之前，他已经身兼数十职，就没有将天下安危放在心上过。他为官，从头到尾都不过是为了一己之私。现在终于赶走了劲敌，成功坐上宰相宝座，同时又身兼数十职，可以说是掌控着整个朝廷，杨国忠变得肆无忌惮起来，俨然第二个李林甫，甚至比李林甫还过之，更加腐败骄横。文武百官，只要是公卿以下的，他都毫不放在眼里，将他们当作下人一样使唤。大臣们都满腹怨言，可是只能在心里忍着。对待大臣尚且如此，何况其他人呢？这也就是为什么后来会发生马嵬坡兵变，士兵们愤怒地将杨国忠杀死，唐玄宗也不能不从，还要把杨贵妃也赐死的重要原因。杨贵妃虽然不理朝政，却给朝政带来了这个祸患。害人害己，说的就是杨国忠这样的人。

再说回杨国忠当上宰相之后,那是对谁都敢指指点点。只要不是嫌命长,那么他吩咐下去的事情,没有谁不从的。而他为了巩固自己的势力,不让别人威胁到自己,就开始对朝廷进行新一轮的"洗牌",这和李林甫当初任宰相时一样。李林甫当选后曾经选出另一位宰相叫作陈希烈,他是个比较软弱的人,不会对李林甫造成威胁。现在李林甫死了,他也不会对杨国忠造成威胁,但是杨国忠看见他就很不爽,一来这是李林甫的党羽;二来他并不会真心听从自己的意愿去做好每一件事情;三来也觉得他没资格跟自己平起平坐。为此,他很快就将处处忍让的陈希烈赶跑了,让原吏部侍郎韦见素接替他的位置,成为自己的心腹。这样一来,虽然是两个人做宰相,其实都是他杨国忠一人把控高位。

这个韦见素比起陈希烈,同样是有过之而无不及,胆小怕事好欺负,完全就是杨国忠的跟班,替杨国忠跑腿办事的。以至于你可以经常看到这样的一种怪异场景:韦见素不在自己的岗位上好好工作,反而经常穿着紫色官服在杨国忠的府邸里跑来跑去,就跟一个仆人没有两样。同样"待遇"的还有其他一些朝廷要员。将国家的官员当成了私人奴仆使唤,不仅是浪费了国家资源,也必然会耽误朝政,当然还影响朝廷的形象。从这个侧面也反映出,当时的朝廷已经腐败到无以复加的地步,不然也不会有安禄山的公然反叛。

杨国忠之所以敢这样嚣张,比李林甫还要架空皇权,是因为在他多年经营下,已经布好了自己的势力网。否则,仅仅凭借一个宰相的官职,怎么不见陈希烈、韦见素等人能够如此横行?剑南军不用说了,这是杨国忠最坚实的军事保障,虽然从实战经验来看,它比不上安禄山和李亨的军队,但也是重要的一支。而在内,除了韦见素之外,京城内还有原来的魏郡太守吉温,杨国忠安排他做御史大夫,就是要他帮助自己守着京城,观察京城的政治风向;剑南军那里,杨国忠自己远在京城长安,就让他的代理人原司勋员外郎崔圆担任当地的节度使,这样一来,剑南军的军政大权都落入了他的手中。杨国忠自己掌管着财政军各方面的要职,可谓多管齐下,将李林甫那一套架空皇权的本事一一学到了手,可以高枕无忧了。这是唐玄宗始料未及的，送走了一个瘟神，又迎来一个。

因此，杨国忠在坐稳宰相的位置之后，便比李林甫还要放肆，专权误国的招数表现得淋漓尽致。上面所述的任人唯亲是一个，还有在政务的处理上随意而为也是一个。怎样随意法呢？按照当时的法律，文武百官上朝处理国家大事是有严格规定的，比如在时间上，就规定了作为群臣之首的宰相必须处理好事情，下午2点之后才能够回家休息，不能早退、旷工，不然严重的就要判刑。但是李林甫打破了这个规则，总是迟到、早退。而到了杨国忠这里就更加离谱了，都还没有到11点钟，朝堂上就见不着杨国忠的影子了。他只是在走一个过场，意思意思。而更多时候，文武百官必须要到他的府邸上去禀告和申请政务审批。这给人的感觉就是，朝廷只不过是个摆设，而杨国忠的府邸才是朝廷办公的地方。杨国忠俨然成为了一个小帝王，架空皇权比李林甫还严重，很多时候都不告诉唐玄宗，他私自作决定，喜欢怎样处理就怎样处理，非常专断，而且处理国事常常敷衍了事，随着性子喜好而去。

在任聘人才方面，唐朝也是有严格要求的，吏部侍郎以下的朝廷官员的任命，必须经过几轮严格的审查，这在当时叫作“三唱三注”。用现在的话来说，具体的做法就是先集体笔试，淘汰掉大部分人，然后再就笔试优异者进行一轮面试，面试官对其进行察言观色，当面验证其为官的动机、学识、能力等，看他是否胜任官职，然而面试官再讨论、安排，拟定谁担任什么官职。这样过后，就要将拟定的名录交由门下省审核，审核通过才交给皇上最后定夺，然后正式任命。一步步审核，每一步都有严格的程序要求。但是杨国忠却打破这种任职程序，任聘官员更多的是内定，并且程序都不走完，将门下省的官员叫到自己的府邸，让他们听一遍自己的内定名单，就算了事了。

“现在他们都在这里听着，还不能够算是被门下省审核了吗？”当有人对程序提出疑问的时候，杨国忠就这样回答他。言下之意，我要任命的官员，都已经告诉你们，告诉门下省的官员了，谁敢提出反对意见，谁就吃不了兜着走！

杨国忠都把话说到这个分上了，谁敢在太岁头上动土呢！就这样，朝廷政务基本就跟唐玄宗没有多大关系了，他只管每天和杨贵妃玩耍就好。而为了进一步讨好杨国忠，对他的“政绩”进行表彰，鲜于仲通还给杨国忠写了一篇颂词，对他进行歌功颂德，并呈报给唐玄宗看。唐玄宗随手改了其中几个字，也被鲜于仲通拿出来做文章。这篇颂词最后被鲜于仲通做成了牌匾，那几个字就被他特地命人用金粉给凸显出来。这马屁拍得，真是一举两得，同时奉承了唐玄宗和杨国忠。

鲜于仲通之所以这么做，是因为杨国忠给他谋利，替他开脱在讨伐南诏时的战败情况，这是杨国忠笼络人心的一种滥权方式。此外，这种滥权还表现在对自己的亲属上。比如，天宝十二载(753)，朝廷正在进行人才选拔，当时的考试科目是明经科，杨国忠的儿子杨暄也参加了考试。不过，他从小就耳濡目染父亲杨国忠的肆意妄为，考试也是和父亲一样的做派，仅仅是走走过场，成绩非常糟糕。这可就难为坏了当时的主考官礼部侍郎达奚珣。

“为什么偏偏让我遇到这种事情呢?”达奚珣一时没了主意，于是叫来儿子达奚抚，“你帮我去华清宫探探杨丞相的口风。快去快回，这事情很棘手，拖不得。”

达奚抚时任昭应尉，他马不停蹄地赶到华清宫，见到了正随着唐玄宗来这里避寒的杨国忠。

“怎样，是不是我儿子通过了?”杨国忠一见到达奚抚，就忙问。

“不是，丞相，家父让我来告诉您，令郎没有通过考试，想询问您……”达奚抚小心翼翼地说道。

“混账，这种事情还要问我，你叫他们自己看着办！难道我的儿子还会因此没有富贵荣华吗?”杨国忠怒气冲冲地骑马扬尘而去，留下达奚抚好不尴尬地站在那里。

没办法，达奚抚只好写信告诉父亲，达奚珣唯有营私舞弊，将杨国忠的儿子杨暄列为头等，并且杨暄还得到不断提拔，很快官职就超过了他的主考官。用了极少的时间就达到了别人多年作为才能达到的职位，在当时除了杨国忠一门,再也没有谁了。而他所提拔者都是自己的亲属、心腹,都听命于他,并不真心实意为国家出力,因此,杨国忠成为了朝廷内外人神共愤的对象。不仅是那些有作为的官员想要将他赶下台,就连百姓都无时无刻不盼望着他什么时候完蛋。因为他,国库是充实了,但是百姓却被害苦了。

就这样,在内组织自己的势力网,在外搜刮民脂民膏,增加百姓负担和对朝廷的怨恨,而在私则穷奢极欲,杨国忠的专权、误国比之李林甫有过之而无不及。“朱门酒肉臭,路有冻死骨”,就是当时的真实写照。对此,杨国忠却并没有一丝愧疚,在他看来,做官就是为了私人享受,什么为国为民都是放狗屁。

“难道以前的穷苦日子还没过够吗?现在有能力过得更好,为什么不去利用呢?及早行乐,过一天算一天吧。”这就是官场上“有权不用,过期作废”的心理。这里透露出两点信息,一是杨国忠自身思想境界不高,在他的人生观里,人生就是为了享乐而来的;二是他也自知素来没做什么好事、实事,做的都是一些钩心斗角、缺德的、带血的勾当,因此心里早就预料到有朝一日会落得不好的下场,既然如此,就趁现在还能作威作福,好好享乐。这也就罢了,杨国忠还很能折腾,虽然做好了最终落得不好下场的准备,他却希望这一天永远不要到来,因此他总是在铲除身边的威胁。此时此刻,李林甫已经老去,其他文官都被他支使着,只有那个安禄山,成为了他的最大敌手。既生瑜,何生亮,杨国忠不能忍受安禄山和自己争宠,于是和他进行了长时间的明争暗斗。而随着两人矛盾的加速和升温,整个唐廷的政治矛盾都被激化,安史之乱由此提前到来。

## 第四节　安史之乱的导火线

在讲唐玄宗的时候我就说过,杨国忠与安禄山是死对头,安史之乱的导火线就是杨国忠。这是历史学界公认的事情,不过更准确来说,安史之乱的发生是历史的必然,杨国忠只不过成为了安禄山发动叛乱的最佳借口而已。为了解其始末,让我们先来了解一下安禄山及其发迹史,以及两人的争宠史。

安禄山成为了唐朝历史转折的一个重要人物，他与唐玄宗、杨贵妃、李林甫、杨国忠等人，有着复杂的利益关系。而最终，因为利益诉求得不到满足，野心太大，他联合史思明发动了安史之乱，这段历史成为大唐一个特殊时期。他究竟为什么有能耐发动了这样一场改变历史的动乱呢？这就要从头说起。

安禄山是混血儿，他的父亲是胡人，汉姓康，而他的母亲却有点神秘色彩，是一个突厥的巫师，据说还会些邪术。本来安禄山应该姓康，名叫轧荦山，但是因为他的父亲很早就过世了，母亲带着他改嫁给一个突厥将军安波至的哥哥安延偃，他也就改姓为安，并且连名字也改了过来，以后就一直叫安禄山。这个名字其实起得有些讲究，禄是中国主导官禄的神，叫作禄神，和福神、寿神合称福禄寿三神。山是高山峻岭，有天下社稷的含义。他继父给他起名安禄山，足以见其野心之大，希望他长大后能够官运亨通，最好能做皇帝一统天下。

而实际上，安禄山从小就聪慧过人，野心也很大。他能够熟练地运用6种少数民族语言，并且人长得虽然不英岸挺拔，却也自有一种令人不敢侵犯的威严在。最难得的是，他非常善战，撇开其他不说，他是一个军事奇才。很多时候，他能够凭借着对敌人和地形的了解，仅率领三五个骑兵，就将契丹数十人给生擒回来。难怪当时的幽州节度使张守莲会将他任命为捉生将。因为这番能力，唐朝的名将张守珪对他也是非常认同，将他认为自己的养子，对他多有教导。但是毕竟年轻气盛，安禄山很多时候自信过了头，免不了要栽跟头。一次在讨伐契丹军的时候就因为麻痹大意，大败而归。我们常说军令如山，生意谈坏了损失钱财，但是作为将领打了大败仗回来，而且是因为自身的过失，那损失的就是自己宝贵的性命啊！安禄山那一次如果真的按军令处置的话必死无疑，不过养父张守珪舍不得杀他，而是将他绑缚京城，让朝廷来定夺。

这本来是一件祸事，可没想到安禄山命不该绝，因祸得福。当时的宰相张九龄是坚决秉公办事，并且说安禄山面有反相（很多古人都对面相有研究，诸葛亮在这方面是一个代表，当然，按照现在来说这都是封建迷信，姑且听之)。而李林甫却横加阻扰,他听闻了安禄山的事迹,心中大喜,这不正是自己可用的人吗?作为阅人无数、诡计多端的宰相,李林甫不研究面相也能够察觉出安禄山身上的不安分的气息。但是他却很自信能够压制安禄山(事实证明李林甫确实很有手段,安禄山谋反是经过多年精心策划的,等李林甫死了,他才敢动手),因而竭力保住了安禄山,成为了安禄山最畏惧的人。

唐玄宗当时早已糊涂,竟然听信了李林甫的鬼话,一时心软,看不清安禄山的狼子野心,没有按律法将他处死,结果一手造成了后面的大难。安禄山被暂时撤了职,依然回到原部队,依然是做士兵的小头目。只不过,在官职上没有一个名正言顺的名目而已,类似于戴罪立功吧。后来张守珪死了,作为养子,安禄山捡了个空,被升任为千卢军兵马使。加上他非常善于巴结权贵,短短几年时间里,他利用贿赂、溜须拍马的能力,一路晋升,从营州都督到骠骑大将军、范阳节度使、河北采访使,再到御史大夫,就连他的老婆都获得封赏。

不过,对于安禄山而言,这离他的政治目标还很远,为了自己的仕途,他都几十岁的人了,还要去讨好杨贵妃,神差鬼使般竟然让唐玄宗答应他成为杨贵妃的养子。这是什么概念?杨贵妃比安禄山小了16岁啊。反过来说,就是杨贵妃做安禄山的女儿都没问题了。当时,杨贵妃不过刚30岁出头,但是安禄山已经是四十多岁的胖老头儿了。为了功名利禄,安禄山也顾不得天下人的看法,顾不得礼义廉耻,真是让天下人笑掉了大牙。不过他这样恬不知耻确实收到了很大的成效,首先就是获得了东平郡王的爵位。别小看了这个爵位,如果是敕封文官并没有多稀奇,但是武官将帅封王,这却是大唐以来的头一次。唐玄宗一不小心,又开了一个先例。封王之后,安禄山仕途就一路顺畅,很快成为了平卢、范阳、河东三镇节度使,手握20万的兵权,开始拥兵自重。要说唐玄宗当初赦免安禄山的死罪是一大失误,那么让他执掌这么大的兵权,无疑是他犯下的最大错误。因为如果安禄山没能掌握重兵,他无论如何也不能起兵造反;即使起兵造反,无论如何也掀不起长达数年的内战。除了功名利禄上的付出,唐玄宗还给他很大的荣耀，比如给他花费巨资修筑宅院，给他送去宫中名贵的佳酿佳肴。在武将当中，安禄山受到的待遇是其他人望尘莫及、无可比拟的。

不过，文臣武将多有不和，作为后来居上者的文臣杨国忠就因为安禄山受到如此厚待而心存嫉妒。安史之乱，就是他们争宠、关系破裂的必然结果。安禄山的发迹比杨国忠要早，杨国忠还给安禄山当过"人肉拐杖"。当时，杨国忠好说也是御史中丞，是正五品以上的官衔，他委身去搀扶安禄山(安禄山很胖)，可是不可一世的安禄山连看都不看他一眼。也许正是这件小事，让杨国忠对安禄山有了看法。他原本是想讨好安禄山，没想到吃了闭门羹，只好不再寄希望于他，而是自己培植军事力量，并想尽办法压制安禄山。这就是两人争宠的由来。

可是杨国忠一直都没能压制安禄山，只能给他找很多麻烦，不过每次都让安禄山化解过去。可以说，杨国忠其实根本不是安禄山的对手。首先，杨国忠多次要唐玄宗除掉安禄山，可是唐玄宗有自己的打算。安禄山是杨贵妃的养子，也就是他唐玄宗的养子，比起与杨国忠的关系(外戚)，那当然是"父子情深"。这是其一，其二就是受到李林甫专权擅政的恶劣影响，唐玄宗打心眼里不希望出现第二个李林甫，扶持安禄山也是他暗中有意不让杨国忠一家独大的部署。为了抑制李林甫，唐玄宗要扶持杨国忠；而为了抑制杨国忠，唐玄宗又要扶持安禄山。反过来也是一样，唐玄宗"处处留情"，同时也处处留一手，就是让他们互相牵制。但他却忽略了一个致命的东西，那就是他根本没有这么大的能耐去驾驭这些野心勃勃的政客、将领。李林甫架空他，安禄山同样忽悠他，杨国忠更是不听从他的安排，想尽办法都要将安禄山从自己的身边铲除。特别是为相之后，杨国忠时刻感受到安禄山的威胁，便多次编造安禄山要造反的话(不过他却没有想到安禄山真的敢于造反，并且忽略了他的实力，最终引火自焚)，力谏唐玄宗削减安禄山的职务。

一次，他又跟唐玄宗说："陛下，安禄山将要造反的迹象，那是司马昭之心，路人皆知，您若不相信我说的话，我这里有一个小小的办法，马上就能验出真假来。"

好家伙，还卖起关子来了。

“哦，那爱卿说一下，要怎么验证安禄山会造反？”

“陛下可以说为了抚慰安将军及众将领守护边疆劳苦功高，宣他进京。我敢打赌，他正在做着造反的准备，心中一慌，必定不敢前来。”

杨国忠这意思就是，要给安禄山摆一个鸿门宴。唐玄宗一听，心中也有些忐忑不安。

“那好，就按你说的去做，这事就交给你去办。不过，朕以为爱卿多虑了，安将军一定会来。”唐玄宗想，既然你杨国忠总是说安禄山有逆反之心，那就看看他是不是真的这样。他若真的敢来，也好让你从此死了这份多疑的心，免得整天在我耳边唠叨。

这点雕虫小技，安禄山岂能不知道？将计就计，天宝十三载(754)，刚过了新年，胆识过人的安禄山真的来了，让杨国忠好不惊愕。

更狠的还在后面呢！驰骋沙场多年，安禄山演得一手好戏。一见到唐玄宗，安禄山就差点要抱他大腿了，几十岁的人，眼泪说来就来，他大声哭诉道：“陛下，我作为胡人受到陛下的宠爱，没想到却遭到杨国忠的嫉妒陷害，请陛下给我做主，还我清白啊！”这一招也好妙，不等唐玄宗发问，自己就先将杨国忠一军，并表示了自己的忠心。唐玄宗听了就放心了，一边安慰他一边赏赐他很多东西。陷害不成反被告，杨国忠这一次又栽了。

因为安禄山这一次敢于只身前来，唐玄宗就好像吃了一颗定心丸一样，谁说安禄山有造反的迹象，他都不信，包括太子李亨也一样。不仅如此，唐玄宗还想给安禄山升迁，要让他做宰相，担任同平章事。而对杨国忠，唐玄宗则表现出一丝不信任了。并且，他的专权，也让唐玄宗开始反感。倒是安禄山多听话，不专权，让他做宰相，才是最佳的人选。

“陛下，请三思！”身为宰相的杨国忠头一个极力反对，“安禄山虽然军功在身，但是大字不识一个，怎么能够担任宰相呢？这样传出去，岂不是一个大笑话啊？如果让一个不识字的人发布制书，我们大唐的脸面何在，威严何在啊？”

唐玄宗想想也对，面子是最重要的，不能让人看扁大唐。既然不能封他宰相之位，就任命安禄山为左仆射，再赐他两个儿子分别为三品官、四品官吧。安禄山又伺机请求兼任闲厩、郡牧，并让吉温兼任武部侍郎。唐玄宗毫不犹豫全都答应了，可见他对安禄山宠爱之深。本来给安禄山加封官职就让杨国忠十分不爽，安禄山还要耍心机，将他身边的吉温拉拢过去，杨国忠气得就差跳起来了。

打铁趁热，安禄山又为自己的部下邀功，要求唐玄宗给他们破格加赏。

“请陛下写好委任状，让我回去发给他们，以示陛下恩宠。”安禄山这样做，其实是想收买部下人心，为自己将要发动的叛乱做准备。唐玄宗哪里去想这么多，他坚信安禄山忠心耿耿，因此就答应了。但你可能想不到，那是要表彰提拔多少人：五百多将军，两千多中郎将。别说其他，光是写委任状，这两千五百多个姓名就够写一段时间的了。唐玄宗真是大手笔啊，他以为这样可以让安禄山感恩，没想到却给人做了嫁衣裳，成了那些将士忠心于安禄山的砝码。怕继续逗留京城会遭到杨国忠暗算，安禄山很快赶回范阳，加快了他的造反进度。

而杨国忠这边也不消停，加紧着除掉安禄山身边的心腹。我们知道，唐朝对贪污的容忍度是比较低的，这时候偏偏河东太守韦陟就有贪污的把柄被杨国忠抓到了。杨国忠让人去告发韦陟。韦陟其实和杨国忠没有太大过节，但是他和吉温有点交情。于是，怕死的韦陟秘密贿赂吉温。

“吉大人，请您一定要帮我个忙，转告安将军，让他尽快到皇帝那里替我求求情。您一定要快点，不然杨丞相很快就要杀来了，我就小命不保了啊！”

韦陟惊惧不安，但他哪里知道，他还不值得杨国忠对他亲自动手。醉翁之意不在酒，杨国忠的目的是要对付吉温。吉温是杨国忠一手提拔上来的，但是后来竟然被安禄山挖墙脚挖了去，这口气杨国忠吞不下。都说打狗还要看主人，杨国忠却反其道而行之，他就是要故意打狗给主人看，以此来宣示自己的威严，想给安禄山一个下马威。因此，当他抓住了韦陟贿赂吉温的确凿证据后，马上将吉温贬职，让他去做澧阳长史。

“岂有此理，杨国忠你别欺人太甚！”安禄山得知后暴怒，让人上书给唐玄宗，替吉温伸冤。其实，吉温哪里有冤屈，杨国忠所做也没有违反什么律法。因为吉温接受贿赂是实实在在的事情，只不过杨国忠的做法不大光彩而已，而且是有意去激怒安禄山。就像当年李、杨之争一样，唐玄宗也采取了不理不问的态度，让他们自己去撕。安禄山见唐玄宗如此，也没有办法，只好先忍着。可是杨国忠却错以为安禄山被吓倒了，于是进一步去激恼他。同样是用贪污的理由，还加一个强夺民女的罪状，将吉温打入了大牢。这一次，杨国忠没有给他任何还击的机会，在大牢里命人实施杖刑，将他活活打死。杖刑可以说是古代的一大酷刑，很多人就此丧失性命，是很不人道的一种刑罚。

杨国忠这一打不要紧，却打出了安禄山的决心。

“如果我不加快步伐，迟早要被杨国忠这奸贼害死！”安禄山感觉杨国忠像疯狗乱咬人一样，怕他真的用什么手段将自己杀害了。于是，他在杨国忠杖杀吉温事件之后，用了大半年的时间加紧战略部署。而与此同时，恰如他所担心的那样，杨国忠一点儿都没有放过他，总是在唐玄宗面前说他有造反的意图，让唐玄宗尽快行动。安禄山一边气得直骂杨国忠，一边被逼更加谨慎小心地做好造反部署的隐秘工作。最烦人的是，唐玄宗几次都拗不过杨国忠的劝说，总是寻找很多借口来试探他，安禄山只好与唐玄宗斗智斗勇，将唐玄宗哄得团团转。

天宝十四载(755)年末，在做好充分准备后，安禄山调集主力队伍，正式发动了叛乱。

“各位兄弟们，今天我将大家秘密召集在一起，就是要跟你们说一件很重要的事情，这件事情关系重大，不仅有关你们日后的前程，也关系到整个江山社稷的安危。”在发动叛乱前的某一天晚上，安禄山将各部将叫到了自己的帐下，骗他们说，“我上回进京面圣，就得到了皇上的秘密口谕，皇上说杨国忠擅政专权，危害社稷，搞得民生不安，天下怨声载道，要我看准时机，尽快起兵前往京师讨伐杨国忠。各位兄弟们，杨国忠是怎样的作为，你们都是知道的。我安禄山是怎样对待你们，你们也是知道的。现在我就问一句，你们给个爽快话，谁不愿意陪我一起进京讨伐杨国忠，为圣上解忧的，说出来,我不会为难大家!”

安禄山此话一出,部将们个个被激起一腔热火,异口同声说愿跟随将军前往京城讨伐杨国忠。而此时,杨国忠还在宅院里暗暗窃喜,以为自己吓退了安禄山呢!

很快,潼关沦陷的消息传到长安,杨国忠和唐玄宗才彻底慌了。

“陛下,长安恐怕不久就要失陷了,我们赶快到蜀地去避难吧。”

唐玄宗听杨国忠这么一说,哪里还敢逗留长安啊,马不停蹄地出发。在逃亡的过程中,经过了那个堪称古今少有的充实的左藏国库,杨国忠想一把火将它烧了,不留给安禄山的叛军,但是被唐玄宗阻止了。唐玄宗认为,与其将它烧了,不如留给叛军。

“这样,他们就不会再去抢夺我大唐子民的财物了。”唐玄宗说着就老泪纵横。他有点舍不得自己的子民受难,但更多的是一种不甘心,没想到自己竟然会沦落到如今的地步。他不知道,让他沦落到如今地步的,恰恰是他自己,以及身边这个他宠信的外戚杨国忠。

当他们逃离到马嵬坡的时候,将士们不愿意继续往前走了。

“不走了,不走了,累得慌,饿得慌,到底还有多远才能到蜀地啊?再怎么逃命,也要让我们吃饱、休息好,才有命逃跑啊!”将士们怨声载道。

就在这时候,早就想铲除掉杨国忠的太子李亨,李亨身边的心腹宦官李辅国等人,觉得难得一遇的时机到了。

“各位将士们,各位兄弟们,你们听我说,我们现在落到如此的地步,就是杨国忠惹的祸。安禄山都已经说了,他是来讨伐杨国忠。所以,只要将杨国忠杀了,让安禄山息怒,就可以平息这场叛乱了。”李亨等人派人到军中散布这番言论。很快,军中就沸腾了,人人怒气冲天,要揪出杨国忠。

就在这时,杨国忠骑马经过驿站西门,随逃亡大部队一起来的二十多名吐蕃使者饿得不行,见了他就围上去。

“杨大人,赶快给我们发放粮食吧,我们几天没有吃饭了,你不给我们粮食,今天你就别想从这里经过了。”

杨国忠都还没有来得及跟这些吐蕃使者说太多话,忽然就有士兵大喊一声："快看啊！杨国忠正在与吐蕃使者密谋商量造反的事情，杨国忠要造反啦！"

这一呼不要紧，杨国忠还没有缓过神来，一支利箭就嗖地射到跟前，射中了他的马鞍。

杨国忠的坐骑一声惊叫，杨国忠手中缰绳一紧，被吓着的一人一马就冲出了吐蕃使者的包围，冲入了西门里。

"兄弟们上啊，杨国忠造反啦，杨国忠造反啦！"

西门那里早就聚集了很多愤怒的士兵，听到杨国忠造反，饥渴交加的士兵们哪里还管他什么宰相不宰相的，抡起刀啊、矛啊就是一顿乱砍乱刺，将杨国忠的身体砍得刺得千疮百孔。杨国忠都没来得及辩白一句，就这样狼狈而亡。连同他的党羽、妻儿，都被愤怒的士兵一个个砍杀掉。这还不够，将杨国忠一家及其势力消灭掉后，李亨他们担心杨贵妃日后会找他们寻仇，于是逼迫唐玄宗赐死杨贵妃，这就是历史上令人唏嘘不已的马嵬坡之变。

杨国忠死得一点都不冤枉，他作恶多年，这是自作孽不可活。但是因他而引起的安史之乱，却让天下大乱了好些年，生灵涂炭不计其数，大唐的命运也因此发生巨大转折。有果必有因，归根结底，这就是腐败的悲惨结果。唐玄宗自身的腐败引起了朝廷的腐败，朝廷的腐败带来了官员的腐败，而官员的腐败，就如杨国忠这样的，直接就导致了民不聊生的战乱。腐败来自于对权术的不恰当夺取与使用，权势来得快，去得也快，不是通过正当渠道获得的利益，最终会成为一块要命的绊脚石，杨国忠腐败的人生之旅，就是明证。

# 第八章　李辅国:宦官宰相只手遮天

李辅国(704 — 762),唐肃宗时当权宦官,唐代第一个当上宰相的宦官。李辅国40岁之前无所作为。安史之乱期间,劝说太子李亨继承帝位。唐肃宗即位后,被加封为元帅府行军司马,开始掌握兵权,并改名为辅国。之后又因拥立代宗即位,被册封为司空兼中书令。大权在握后李辅国更加为所欲为,最后被人刺杀身亡。

## 第一节　从弼马温到“开国功臣”

李辅国本名叫李静忠,出生于武则天长安三年(703)。他的家庭并不富贵,属于那种贫苦的普通家庭,也就是贫民。在他很小的时候,家里就因为生计问题,将他进行阉割,然后送入宫中做了太监。有资料显示,阉割的存活率只有不到一半,而且手术过程很痛苦,手术完了之后还要在床上躺上两三个月。如果能够挨过这段时间,就算是平安度过,以后不会有大问题。很多人就是挨不过这几十天,因此成了那活不下去的大多数。因此,如果不是迫不得已,按常理来说,是不会有父母舍得让自家孩子冒着生命危险去做太监的。而李静忠家里,恰恰是穷得经常揭不开锅的那种,所以他成为了家里的负担,只好被送去做太监。

李静忠被送入宫,最开始做的就是喂马、清理马厩的杂活,脏、累、差,而且还要被人呼来唤去,日子过得并不好。但是没有办法啊,既然都做了太监，要么忍，要么靠自己的头脑灵活往上爬。李静忠自然不甘心一辈子都做这么“低贱”的工作。很快，他因为读过几天私塾，认得一点字，会算账，并且很会说话讨人喜欢，于是就被升为记账员，从此告别了时刻跟随在马屁股后的生活。当然，他还是要养马，但此时已经有点类似于孙悟空做的弼马温，手下管着几个人。不过和孙悟空的没有责任感和挑三拣四不同，李静忠对这份弼马温的工作非常用心，皇家的那些马匹在他的照看下个个都非常健壮，精神得很。

“静忠，你这么会养马，在这里有点屈才了，我推荐你去太子殿下那里照料他的宝马吧。不过，你可要更加仔细认真才行，不然随时会掉脑袋，你可敢去吗?”他的上司看见了他的成绩，就要提拔他。

这对李静忠来说可是一个很好的机会，这种升迁可不是时时都有的，哪有不敢去的道理啊。他做了小太监进了宫，不就是为了一直往上爬吗?为此，他格外珍惜这次机会，简直就把太子李亨的宝马当成了自己的亲人那样去照顾，把它照料得不仅肥肥壮壮，而且连毛发都梳得一丝不苟、光彩鲜亮的。把这马一遛出去，绝对是最吸引眼球的。当然，醉翁之意不在酒，李静忠这样做无疑是想引起太子李亨的注意。他成功了，每次，太子外出骑着这匹宝马都非常高兴，觉得给他长了很大的面子。李亨由是觉得李静忠是个可靠的人。一匹马都能够照料得这么认真负责，那做其他事情还用说吗？于是李亨也不用他养马了，因为对于这么仔细认真的人来说，养马实在是大材小用。

“这样吧，静忠，你不用给我养马了，到我的身边来，帮我安排每天的行程。”这是要做太子秘书啊。从此，李静忠就真的告别了养马的生活，成为了一个文秘，而且还是高层的秘书，这升迁可不是一般的快。要知道，跟随在太子身边，还帮他安排行程，能够学到的东西是养一辈子马都学不来的。这样一来，他的前程就真的一片光明了。

这文秘的工作李静忠做得非常到位，很少出现差错。不得不说，他确实是一个很用心的人，不仅让太子李亨非常满意，太子妃张良娣也对他另眼相待，没想到一个年纪轻轻的太监能够做事很周全，很为主子着想。这样的奴仆，是最受主子欢迎的。因此，他很快就从一个跟班的文秘，变成了跟班的心腹，不仅负责太子的行程安排，而且很多时候还成了太子的智囊，时常为他出谋划策，逐渐成为太子十分信任的人。他也因此而暗暗学到了很多政治、权术上的东西。

天宝十五载(756)，安史之乱爆发后的第二年，唐玄宗逃到巴蜀避乱，李亨没有跟随前去，而是正面应战。这时候，李静忠非常大胆，竟然怂恿李亨自行登基为皇上。同时，李亨的大儿子广平王李俶(后改名为李豫)、三儿子建宁王李倓都提出让他北上即位挽救大局。李亨并不是没有这个想法，他作为太子，如果没有意外，皇位本来就是他的，只是一直找不到合适的机会。因此，当李静忠提出要他即位的时候，他自然要谦让一番，说正值国家危难之际，自己撇开父皇唐玄宗就自行即位，岂不是有趁虚而入的嫌疑，也会给人留下不孝不忠的话柄。李静忠知道，李亨这番考虑虽不无道理，但根本的还是缺少了推动力。因此，他不顾自己的身份(宦官在那时不能干预朝政)，大胆建言："殿下，人心所向是成败关键。皇上自出京城，大事皆委于你；马嵬坡以来殿下战功显赫，已是众望所归，天下皆唯殿下马首是瞻，请太子殿下以国事为重，为社稷着想。等收复失地，平定反贼，再迎皇上回京。"

不愧为太子心腹，李亨就是要一个让人无可挑剔的理由即位，因为他虽然仁孝，但也想建功立业。于是，他不再推让，是年八月正式登基，成为唐肃宗。肃宗即位后将远在巴蜀的唐玄宗奉为太上皇，唐玄宗自知大势已去，也不发表异议，认同了这次危难中的被迫让位。肃宗即位，李静忠的命运再次迎来大转机，由于他自始至终都是最积极拥护李亨登基的，这下子他就成了肃宗皇帝的"开国元勋"，可以从幕后堂而皇之地走到台前，与大臣们享受一样的礼遇，甚至超过了他们，而无人敢提出异议。从这里可以看出，李静忠后来能够手握大权，就在于他的胆大心细，敢赌。而这，也正是他欲壑难填，最终走向专权腐败的原因所在。

肃宗登基不久，就开始了全面的平定叛乱的工作。首先，他任命了广平王李俶为天下兵马大元帅，负责平定东部的战乱。任命自己的儿子统帅兵马征战这并没有什么问题，最让人觉得震惊的是，他竟然也把部分兵权交给了李静忠。肃宗任命李静忠为元帅府行军司马事。这个职务有什么权力呢？权力大得很，说白了就是最终的决策权，也就是最后发号施令的，只要是前面各方传来的表、奏章，都要经过他的手进行处理，而且他还能够发布军令，是实实在在掌握着军政权力的官职。这是多么重要的一个职务，为什么说让他来担当很令人震惊呢？因为大唐在他之前，还真没有哪个宦官能够有这样的待遇。而且，唐朝之前宦官掌权的，没有一个是朝着好的方向去发展的。对于宦官来说，本身作为一个太监就是人生中最大的痛苦，其心理必然会有所扭曲，当他掌权之后，就会用权力去满足自己所损失的那部分东西。无疑，李静忠的掌权为后来者开了个头，这之后，宦官当权越来越严重，加速了大唐的毁灭。

## 第二节　赶走李泌毒死建宁王

当然，这个时候的李静忠还不敢恣意妄为，虽然成为肃宗身边红人，又身兼多项要职，权力之大，一时无二，但却没有一个坚固的利益后台和团队，很容易因为一些差错而受人攻击。因此，他左思右想，找到张良娣（肃宗发妻，还没立后），对其极力巴结，阿谀奉承，终于赢得了她的信任，结成里应外合的利益团体，互相照应。与此同时，肃宗很想念自己的老师李泌，并希望得到他的帮助，辅助自己治理国家。李泌之前因为受到杨国忠迫害而被贬出京城，隐居颖阳。现在肃宗盛邀，李泌只好来到了灵武，参见了昔日的学生、而今的皇帝。其实，当得知肃宗即位，他也希望能够为肃宗、为这个国家作出点成绩。

多年师生兼朋友，肃宗非常热情激动。这个时候的肃宗，真的满腔热情要将国家治理好。他知道李泌是一个非常有学识和治国能力的人，因此昼夜不舍都要和他黏在一起，一块吃饭，一块出行，甚至一个卧室睡觉，时时刻刻都在讨论着国家大事，比如怎样平息目前的这场战乱、现在的朝廷官员该如何任命等，肃宗事无巨细都要请教老师，很虚心地听他的指导意见。在肃宗的眼里，自己身边能够与老师相提并论的人几乎没有，因此他急迫想要将李泌任命为右丞相，让他掌管国家大事，辅助自己成就伟业。但是李泌自从受到杨国忠等人的排斥之后，知道官场险恶，自身应付不来这些事情，就坚决不同意担任丞相一职。他只愿意做肃宗身边的私人参谋，而不愿意跟职务扯上任何关系。这样可以使他避免与更多的官员产生纠纷，但也为后来李静忠等人对他的迫害埋下了隐患。

是的，李泌的出现让李静忠很不爽，因为李泌的出现破坏了他和肃宗的亲密关系，肃宗每天和李泌黏在一起，冷落了他。这让李静忠很是嫉妒李泌，他决心要让李泌再次从肃宗身边消失。

这时候发生了一件事情，让李静忠多了一个盟友。究竟是怎么一回事呢？原来，当得知自己的儿子李亨登基之后，作为父亲的唐玄宗觉得怎样也要对此有所表示，不然就给人家说自己小气，或者不愿意禅让帝位，这就不好了。于是，为了表示自己的诚意，他特意派人从西蜀给张良娣送来了一副非常漂亮而珍贵的七宝马鞍。这副马鞍当然没有实用意义，但是马鞍上镶嵌着很多奇珍异宝，张良娣看了喜欢得不得了。

“陛下，切忌玩物丧志啊！”李泌见到这件东西，又看唐肃宗也两眼放光，于是就简单而坚定地提醒了他一下。肃宗知道，老师是在提醒自己，不要学父亲唐玄宗那样因此而骄奢淫逸，丧失了励精图治的志向。

“陛下，不如将这七宝马鞍纳入国库之中，以备战事上的不时之需吧。”李泌这么说，不过是出于无奈而已，要找个肃宗看不到的地方藏起来，不让它祸害了皇帝的意志。肃宗与老师心意相通，于是欣然应允。

“娘娘，那个李泌劝皇上将太上皇送给您的七宝马鞍入归国库了，说什么玩物丧志，他分明就是不想让皇上送给您嘛。”李静忠知道后，故意在张良娣面前煽风点火。本来张良娣与李泌没有什么瓜葛纠纷，但是听李静忠这么一说，好你个李泌，我的东西你竟然不经过我同意就这样处置，分明是跟我过不去。

“欺人太甚了！”张良娣气呼呼的。

“是呀，娘娘，他欺人太甚了。”李静忠在旁看着她的脸色，忽然欲言又止的样子，“可是，娘娘……”

“可是什么,你快说,这里没有别人!”

“奴才想啊,他李泌不就仗着是皇上的老师所以这么骄横吗?如果您是皇后,他还敢这样吗?”

张良娣一听,眼睛里闪出一道光。好啊,李静忠,果然聪明,既然我的夫君都已经从太子变为皇帝了,我这个太子妃为什么就不能成为皇后呢?这皇后的头衔不迟早都是我的吗?那我干脆现在就让他敕封我为皇后不就行啦,看他李泌到时还敢不敢管我的事情。

于是,张良娣果然去向肃宗哭诉,要求立她为皇后。肃宗本来对她就很宠爱,也早有这个想法,于是找来李泌商议。

“陛下,现在国事未定,长安未收复,不宜立后。陛下当务之急应该集中精力稳定大局,平定叛乱。”李泌如是建议。

唐肃宗以为老师说得在理,便暂时打消了立后的念头,一心扑在平定叛乱这件事情上。这事很快又被张良娣得知,她对李泌恨得不得了,便让李静忠暗中常常打李泌小报告,处处为难他,让李泌不知道是该留在唐肃宗身边好还是再次归隐山林好。

这一切都让建宁王李倓看在眼里,急在心里,对张良娣、李静忠这种狼狈为奸、排斥贤良的做法十分愤怒。向来没什么心机,心直口快的建宁王到唐肃宗面前告了他们一状,希望肃宗能够处罚两人,给朝廷正风气。然而肃宗听后,并不发表态度,只是安慰李倓,让他先回去。然后,就没有下文了。肃宗并没有要惩罚李静忠和张良娣的意思,甚至觉得这不过是一件小事情,不值一提。当然,他也不相信他们会去构陷自己的老师,毕竟老师一直都好好的啊!

但往深层想,却可以看出,李静忠和唐肃宗的关系很微妙。虽然肃宗很敬重自己的老师,但这种敬重更多的是要利用他的才华和能力。李静忠不同,作为宦官,自己身边的奴隶,他可以为肃宗解闷,听肃宗发牢骚,心情可以比较放松。说白了,肃宗与李泌之间的关系更多是政务上的,李泌只会从一个统治者应该尽的职责去严格要求肃宗,肃宗在他的面前不能表现出软弱一面,但在李静忠面前可以。一个是合作伙伴,一个是心腹,肃宗自然偏爱李静忠。张良娣就更加不用说了,那是他最心爱的女人。

在这种情况下,可以说,李泌的困境,不是李静忠和张良娣造成的,根本上是肃宗默认的。这也是帝王玩弄权术的一种表现形式,要让下面的人互相牵制。

肃宗在装糊涂,放纵李静忠和张良娣,于是他们一不做二不休,要对李倓进行致命的报复。一天,前线传来了难得的捷报。

“好啊,好啊,我要好好喝几盅庆祝一下!”广平王李俶拍手叫好,命人送来美酒佳肴,非常高兴地放开肚子喝酒,最终是喝得天旋地转,完全醉了过去。自己是怎么睡着了,他一点意识都没有。忽然,半夜里酒醒了,他睁开眼睛一看,不得了,身边竟然有个黑影正在举剑刺向自己。眼看就要刺中自己,惊慌之中,广平王本能地用手臂一挡,剑刃毫不留情地刺进了他的肩膀,疼得他大喊一声。刺客害怕被人抓住,只是刺上这一剑就仓皇逃走了。广平王都还没来得及多喊几声,就因为失血过多而重重地昏迷了过去。

广平王聪明能干,而且作为长子很有帝王风范,肃宗很喜欢、很看好他。听说他被重伤,急得不行。一来到广平王的床前,看他失血过多脸色都很苍白,心中就感觉一阵绞痛。

“快,传令下去,一定要给我活捉刺客,朕一定要亲自将他碎尸万段,看谁有那么大的胆子,竟然敢谋害广平王!”

“明白,陛下,奴才这就去办!”一听到肃宗的号令,李静忠就风风火火出去,很快就将一个黑衣人带到了肃宗面前。

肃宗怒气腾腾,一言不发,举起宝剑就冲到刺客面前要杀那刺客,吓得刺客哭着求饶:“皇上饶命啊,是建宁王派小人来刺杀广平王的。建宁王还说了,必须刺死广平王,不然小人小命就难保!”

“你以为现在你的小命就能够保住吗?”肃宗悲愤难抑,震惊不已。他命人将刺客拖出去砍了,然后久久不语,脸色如猪肝般难看。

李静忠等肃宗沉默了半天后,才小心翼翼地试探着问(其实是故意要让肃宗作出决定):“陛下,这可怎么办才好呢?”

“杀！王子犯法与庶民同罪！”肃宗咬着牙根一字一字说道。

李静忠心中一阵窃喜，他就等着这一刻了。于是，李静忠派心腹拿着肃宗的圣旨和毒酒，赶到建宁王所在的军营之中。

“皇上有令，大胆李倓，身为王子，竟然做出刺杀兄长的大逆不道的行为。这是罪无可赦的事情。今天若不严加惩办，他日必定会做出更加荒唐的事情。现在朕赐你一死，留下全尸，你自行了断吧。”前去的太监读完圣旨，根本就没有给建宁王辩解的机会，马上令人按住建宁王，把毒酒给他灌了下去。

可惜建宁王就这样无端地、糊里糊涂送了性命，而广平王李俶那时还在昏迷中。等他醒来，三弟早就不在人世了。而这个消息，还是李泌后来第一时间从军营中赶回来告诉他的。

“这不用说肯定是李静忠他们搞的鬼，这真是祸国殃民的一大祸害！”李泌恼怒不已，可是也无能为力。

“我一定要为我的三弟报仇！”广平王得知是李静忠和张良娣设计杀害了建宁王，心中十分悲愤，同时又感到非常的震惊和担忧。肃宗才即位没多久，他们就敢杀害皇子，那么下一步岂不是轮到自己了？李俶越想越感到必须尽快除掉李静忠和张良娣才行，而李泌也决定找个适当的时机离开这是非之地，重新归隐山林，幸许还能保全一命。公元757年九月，持续了几年的战乱终于出现了一丝明朗的迹象，原来的国家首都长安城终于被收复了。国都一收复，大局基本定了下来。

“现在也没有我多大事情了，我还是赶快向皇帝报告，然后赶紧回到我的山林隐居为妙。”李泌自从被李静忠设计伤害之后，就知道自己再也不能继续待下去了，不然可能会有命来京城，却没有命回去了。于是，他不顾肃宗的反对和竭力挽留，对他叮嘱一番之后就离开了这个是非之地，来到了衡山潜心修道，从此再也不问世事。借刀杀死建宁王、成功赶走了李泌，初登政治舞台的李静忠就做了这样两件大事，暴露出他的野心与狰狞面孔。

## 第三节　只手遮天架空皇权

公元757年，因为终于收复了长安，可以重回京城，肃宗开心得很，决定大封功臣，其中对李静忠的封赏自然是少不了的。

“朕念你功劳甚大，就封你为殿中监吧，以后宫内大事，都交由你来处置，希望你不要辜负朕的信任！”

赶跑了李泌之后，李静忠重新进入了肃宗的视野。该年十二月，远在蜀地避难的唐玄宗被接回了长安，在兴庆宫悠闲地做起他的太上皇。一场叛乱，两重天地，唐玄宗并没有什么怨言，他的治国之心早已死了。

话说李静忠，做殿中监大约半年的光景，又再次被提拔一个官阶，成为太仆卿。太仆寺是唐朝时期的国家中央机构，是管辖马政的，也就是负责国家马匹的管理工作。因为李静忠本来就是弼马温出身，对于马匹管理很有经验。别小看了这个职务，他的官阶位列三四品，而且国马的生产甚至可以影响到一个国家的安危。在古代，马匹不仅是交通工具，在战乱的特殊时期，还是极其重要的作战工具，是精良的武器。所以，管理马匹也就等于掌握了部分军政大权。肃宗能够把关系国家命脉的这一重要职责交给他，足以见其对李静忠的信任。

同时，肃宗还将李俶改封为成王，并且正式册立张良娣为皇后。至此，肃宗时期的国家领导班子算是基本完整了。

“陛下，臣还有一个请求，希望陛下能够赐名辅国。”一天，李静忠主动上奏要求改名。他的诉求正如其名，就是想要突出自己对国家的辅助之功。肃宗找不出什么反对的理由，于是应承了他的请求，从此李静忠就变成了李辅国。乍一看，这一幕似曾相识，简直就与杨钊要求改名为杨国忠如出一辙。这不仅是一种身份和荣耀的象征，也是李辅国人生的一个转折点。可惜的是，名不副实，他非但没有辅助肃宗治理国家，反而借此为非作歹。

李辅国成为军政大权在握的一大宦官，这在他之前的唐朝历史，可是从来没有过。他的权力之大，表现在即使是肃宗发布的军政诏令，都必须经过他的签名才能生效，如果他不同意，那么就不能发出去。而这时候，肃宗已经开始消极了，国家的叛乱都还没有完全平定，他就学起了自己的父亲唐玄宗，在宫内深居简出，军政大事交给了日夜服侍在他身边的李辅国去打理。这给李辅国一个得天独厚的机会，甚至很多时候，经他手发出的政令，不全是肃宗的意思，而是经过他改造的，甚至他还敢假传圣旨。因为肃宗很少上朝处理朝政，所有的奏章最终都会到达李辅国这里，由他收集查阅，只有很重要的他才会交由肃宗去定夺。这样一来，国家机关的运作大权实际上不知不觉转移到了李辅国的手上，肃宗反而成为了傀儡皇帝。一开始肃宗还没有觉得有什么异样，但是慢慢地，他发现李辅国越来越胆大妄为，才开始觉悟、后悔，但为时已晚，李辅国已经只手遮天，架空了他的皇权。以至于，宫中许多人见了李辅国甚至比见了皇上还要惶恐不安，生怕出一点差错就要受到李辅国的责骂、重罚。为了表示对他的尊敬，人们只敢称呼他为“五郎”，就相当于对皇上只能称陛下而不能直呼其名一样。

李辅国架空皇权的表现不只是在于对国家军政大权的把控，还在于对太子废立问题的严重干预。在他之后，宦官废立太子成为了一个惯例，宦官的权势之大，大唐前所未有。这让肃宗感到非常不安。

“皇上，妾身跟随您这么多年，从淑妃做到了今日的皇后，本来也就心满意足的了，不敢有什么要求。但是太子之事到现在还迟迟未定，作为皇后，妾身感到心中不安。妾身有个建议，不如就将咱们的儿子兴王李佋立为太子吧。他聪慧过人，将来一定能够长大成器的。”张皇后才做皇后不久，就已经为以后的事情做长远打算了。

兴王李佋是怎么一回事？说出来大家可能不大相信，他就是一个几岁的懵懂儿童，如果把他立为太子，那岂不是让很多人有可乘之机？这其中最大的受益者，就是张皇后和李辅国。为此，张皇后提出这个要求后，李辅国是一万个赞成，毕竟控制一个幼儿比控制一个成人要容易得多。虽然张皇后也会极力争夺政权，但是李辅国根本就没有将她放在心上，她压根儿就不构成对手。这样一来，只要肃宗一死，天下就相当于是自己的了。

这点小心思，肃宗又怎么会不知道呢？即使没有想到张皇后和李辅国这么阴沉，但是在关乎国家兴亡的这件大事上，他还没有糊涂到像唐玄宗那样。他没有答应李辅国和张皇后的要求，而是早有合适人选。

“这次找你来，是想跟你商量一下关于立太子的事情。皇后一直都想让朕立李佋,可是他还小,还不知能不能担负起社稷大任。但成王李俶跟随朕出生入死,功劳极大,也有一定的声望,朕想立他为太子,你看怎么样?”肃宗召见大臣李揆,征求他的意见。

李揆听罢,十分激动地跪下,双手作揖,拜道:“恭喜陛下,这是一个英明的决定,必将对社稷复兴有很大的帮助。”

得到了重臣的支持,肃宗很是高兴,同时也更加坚定了自己的想法。自从李泌走后,肃宗就觉得若有所失。这一次,他又想起李泌的嘱咐,提醒他以后作任何决定都要以社稷为重,不要因私废公,耽误了天下黎民。李辅国和张皇后得知后急了,还想极力反对。但是肃宗这次很坚决,并不妥协。

“朕意已决,你们谁也不必再说了!”肃宗一声令下,立太子的事情就这样敲定了。很快,成王李俶被正式立为太子,并改名李豫。

为什么李辅国和张皇后要如此反对将李俶立为太子呢?原因很简单,当初两人曾经设计谋杀了建宁王,还将李俶弄成重伤,李俶差点也命丧刺客剑下。这笔血债,李俶当时就发誓一定会让他们偿还,他们又怎么会安心呢?

因此,虽然李辅国在立太子这件事情上没有立功,暂时动不了肃宗的儿子李豫,但他采取了曲线救国的方式,以肃宗的父亲唐玄宗来要挟肃宗满足自己的诉求。事情是这样的,唐玄宗被肃宗迎回长安后,一直都住在兴庆宫。虽然经历了这么大的变动,安史之乱还没有完全平息,自己又失去了皇位,但唐玄宗却活得很欢快,并不感到多伤心,依旧诗酒歌乐日夜不停,还经常在长庆楼设宴,款待一些将军和大臣,日子过得一点都不比安史之乱前差。李辅国决定将唐玄宗“强迁”,不让他日子过得这么舒服。李辅国这么做,一来是要挟肃宗,给他一个下马威;二来他与唐玄宗本来就有一点嫌隙,这次也是为报复他而来的。原来,玄宗昏聩之余,仍还有一点基本的判断,他多次劝阻肃宗千万不要重用李辅国。这事情不知道怎样就被李辅国知道了,他因此对唐玄宗产生了怨恨。

“陛下,臣这些日子想,现在局势不很稳定,太上皇居住在外面,整天和外边的人接触，恐怕不大安全。我建议，为了安全起见，还是将太上皇迁入宫中为好。”李辅国如是上奏道。

肃宗听闻，心中暗暗一惊，这李辅国也太放肆了吧，给他这么大的权力都不满足，还要打太上皇的主意，于是坚决反对。李辅国这次却不管肃宗同不同意，这才禀告了皇帝，下边就已经开始行动了。他命人假传圣旨，说是皇上要请太上皇到太极宫赴宴，庆祝他们终于又能在战乱之中相遇。唐玄宗每日声色犬马惯了，也没有多想，听说儿子请自己叙旧，便欣然前往。但是当他来到了太极宫，哪里有什么宴席，哪里有肃宗的身影啊？

“你们……”唐玄宗忽然发觉不对，想要返回去。

“您就不用回去了，皇上有令，以后这里就是您住的地方，您的一应物件，我们会让人都送来。”一干禁军士兵将大门关上，留下唐玄宗一众愕然站立。唐玄宗怎么也想不通，自己是哪里得罪了儿子，他竟这般对待自己。他哪里想到，软禁他的不是自己的儿子，而是李辅国。

“混账，他竟敢公然假传圣旨，软禁父皇！来人，给我宣李辅国，让他进宫见我！”肃宗第二天才知道真相，不禁怒气填膺，发誓这次一定要让李辅国吃点苦头。然而戏剧性的一幕出现了，李辅国毫无畏惧地来了，而且还带着六军统帅和各位大将前来，气焰嚣张得很。一看这架势，肃宗就没了底气，大权都落入他李辅国手中，今日可是来者不善啊。

但是肃宗还想扳回一局，他也不多言语，直入正题说：“假传圣旨，擅自逼迫太上皇迁居太极宫，你们可知罪？”

李辅国早就料到肃宗会来这招，他慢条斯理非常傲气地说道：“陛下息怒！臣之所以这么做，全然是为了陛下和社稷江山着想，请陛下明鉴。”

李辅国说完，其他统帅、大将都纷纷附和，将肃宗孤立在一边。

见此情状，肃宗明白大势已去，别说他的父皇，自己恐怕都自身难保了。如果他坚持要将李辅国问罪，那么数年前马嵬坡兵变一事，必将会在他的身上重演。为保安全、为保帝位，他选择了忍让，因此即使再愤怒、有理，他也只好认栽。

“好了，知道了，你们回去休息吧。”

至此，肃宗皇帝的权力完全被李辅国给一点点抢夺殆尽了，几乎所有的军政大权都落入李辅国手中，他成了一个傀儡皇帝。事已至此，两人的矛盾公开化，肃宗对李辅国从最初的信任、感激变成了仇恨。

上元二年(761)八月，应李辅国的要求，肃宗封他为兵部尚书。顾名思义，他完全掌管着军权。然而，权力是个好东西，能够让人施展抱负，同时又是个令人丧失原则的东西，能够激发人的无穷的欲望。虽然李辅国早已架空了皇权，财政军大权实际上都落入了他的手中，但是他还是有一个心结解不开，那就是他要成为宰相，名正言顺的宰相。

讲究名正言顺，这是古人的一大传统思想。婚嫁只有“媒妁之言，父母之命”才算名正言顺；出征也要师出有名。那么行使权力，当然也要一个匹配的官职才能让人信服。

“陛下，老奴服侍您多年，现在朝廷还缺一个宰相职务，老奴希望出任，能够继续为陛下分忧。”一天，李辅国来到肃宗跟前，当面跟他提出这个要求。

宦官当宰相，在这之前的唐朝历史上还真没有过，因此肃宗心中又好气又无奈。但肃宗又不敢断然拒绝他的无理请求，只好把矛盾抛给了文武百官：“爱卿，你的要求让朕很为难。你知道，就你的功劳来说，朝廷上无人能够比得上你，自然是要担任什么职务都行。但是，你也知道，这并无先例可循，恐怕朝中的大臣，特别是现任宰相们不会同意啊。”

李辅国知道哪里是什么文武百官不答应，而是肃宗想找个让他无以反驳的理由打消他的想法。肃宗对李辅国的厌恶，正如李辅国对肃宗的架空一样，大家心知肚明，这是一场斗智斗勇的权力之战。不见硝烟，却更加惊心动魄。既然肃宗找理由搪塞拒绝，李辅国就决心和他暗斗，暗中拉拢朝臣，用威胁或是哄骗的方式，让文武百官，特别是现任的宰相、重臣推荐自己当宰相。当然，凭借肃宗对他的了解，不可能不知道他的小动作。于是，李辅国一走，他就立刻派人秘密找来了宰相萧华。

“爱卿，刚才李辅国来找朕，要朕让他做宰相。他已经如此专政擅权，完全不把朕放在眼里，如果让他做了宰相，恐怕不仅朕的日子更加难过，你们也都不会好过啊。所以，朕没有别的请求，就希望你们不要站在他那边，不然的话，你们都递上推荐他做宰相的奏章，那我们大家、朝廷和天下都要完蛋了。”

肃宗这一番话，说得是如此的坦诚、无奈，让萧华非常动容。一个国家的君主，是要被宦官逼到什么程度，才会用这样的方式来请求自己的臣子为自己站队啊。当然，萧华更清楚，肃宗所说句句都不假，李辅国倒行逆施，如果让他当上宰相，国家社稷、朝中大臣都会出现危机。

“陛下请放心，就是他李辅国把刀架到老臣的脖子上，老臣也不会同意让他当宰相。陛下保重，老臣这就去转告其他大臣们！”

萧华忍不住落下泪来。

“委屈你们了，朕有你们，也就欣慰了。”肃宗也是万千滋味于胸中。

密谈结束后，萧华马上赶到了仆射裴冕的家里，和他细说始末。裴冕本来就是肃宗的旧臣，为人正直，素来看不惯李辅国任性非为，当场就拍胸脯跟萧华保证道：“萧大人，其实不用你说，我也是一万个不会同意那阉人的痴心妄想的。他早在你来找我之前就找过我，还威胁我一定要推荐他，我死活不肯，他也没辙，回去了。现在既然皇上有命，我就更加不能做不忠不孝之人。让他来吧，就算是将我杀了，也绝不会向他弯腰妥协。”

因为有了萧华和裴冕等人的坚决抵抗，李辅国最终没能如愿当上宰相。肃宗心里落下了一颗石头，然而萧华和裴冕却从此被李辅国给盯上了。好啊，你们不支持我担任宰相，我就不让你余生好过。宝应元年(762)三月，李辅国首先拿宰相萧华开刀。他多次不厌其烦地在肃宗面前诬陷萧华，说他专权擅政(真是贼喊捉贼)，要肃宗罢免他的宰相职务。肃宗当然知道这是子虚乌有的事情，很多次都想办法拒绝。李辅国见软的不行，就只好软硬兼施，夹带着威胁的态度逼迫肃宗。肃宗经他这么一威逼，只好服软，答应了李辅国的要求，将萧华的宰相职务罢免掉，让他降级担任礼部尚书。而宰相之位，李辅国既然自己不能坐上去，也不能让它落入其他人手里，他马上安排了自己的亲信元载担任。

一般人到了这里也就停住了，但是李辅国不是一般人，他不会给萧华留下任何翻盘的机会。时隔仅仅一个月，李辅国和元载一同上书，罗列了许多同样是子虚乌有的罪名，诬陷萧华对皇上不忠，威胁肃宗将他驱逐出京城。肃宗知道，自己这会儿想替萧华说话也说不上了。萧华最后被贬为峡州司空，远离了京城，再也没有与李辅国抗衡的能力了。萧华落难了，裴冕自然也不能幸免。李辅国以相同的手段将他贬为冕州刺史。还有其他一些敢和他李辅国作对的人，都逐一被李辅国移除出去。这样一来，肃宗身边的忠臣一个个被李辅国铲除，朝中要职几乎都布满了李辅国的势力，李辅国虽不是宰相，却胜过宰相；虽非皇帝，却宛如皇帝。

## 第四节　残杀皇后拥立代宗

随着李辅国一步步蚕食了肃宗的权力，加上其父唐玄宗李隆基病逝，肃宗很快变得郁郁寡欢，没过多久就得了重病，以至于下不了床，不能上朝。这正是李辅国想看到的结果，因为肃宗再也没有能力和他争些什么了。但是肃宗虽然重病在身，却并没有糊涂，他自知限期不多，于是在还清醒的时候，以下诏的形式，将仍握在手中的那部分军政大政交给了皇太子李豫，嘱咐他一定要好好履行监国职责。这样一来，天下都知道了未来的帝国掌门是李豫，他李辅国即使再恣意妄为，也不敢公然夺取。不过，虽然名义上李豫掌握了大权，实际上因为李豫从没有执政的经验，也没有强硬的魄力，很快他的权力就旁落到李辅国和张皇后手中。

此时，偌大的大唐王朝有点风雨飘摇的感觉。李辅国和张皇后正在对肃宗和李豫的皇权进行抢夺。原本两人是同一条船上的，现在肃宗病倒，共同的敌人已经没有了，两人就从同道者变成了敌手，权力就放在那里，你不去抢就会被对方夺去。两人谁都不愿意看到权力被对方夺取，便展开了一场血腥的夺权大战。张皇后本来一心想废掉李豫，立肃宗的第二个儿子越王李係为太子。但是在大敌面前，敌人的敌人就是自己的朋友，于是张皇后就想到联合李豫除掉李辅国，事成之后再逼李豫让出太子之位。这招借刀杀人再过河拆桥的办法实在不错，但是张皇后运用得太过于明显和拙劣。

她找到李豫，对他进行了一番说教。张皇后历数李辅国的腐败罪行。作为一个宦官，竟然手握着禁军统帅的大权，而且皇帝的玉玺就在他的手中，这是从来没有的事情，足以见宦官专权都到了什么地步！张皇后指出，如果再不将李辅国除掉，那么不只是他们，就是天下苍生都可能面临新的动乱。她其实说得没错，仅从他敢于假传圣旨，将唐玄宗逼迁太极宫就可以看出，还真没有什么事情是他李辅国不敢做的。

“你看，现在皇上病重，李辅国更加目无王法，如果我们不先动手除掉他，很快你我都会成为他的刀下鬼。”张皇后的话并非危言耸听，李辅国确实要对付张皇后，但对于李豫，倒暂时还没有一定要杀掉他的想法。此时，李辅国勾结射生内侍程元振，将要发动一场大的变革。

“母后，”李豫皱起了眉头，说道，“您说的情况我都知道，李辅国和程元振罪恶深重，理应当诛。但是现在是父皇病重时期，如果再发动这么大的变动，恐怕会吓着父皇，对父皇病情不利。您看李辅国是多么狡猾奸诈的人，这件事情还需要从长计议，想一个万全之策方好行动，不然可能会得不偿失。”

李豫这般考虑其实也有他的道理，狗急跳墙，况且李辅国本来就很疯狂，前有谋杀建宁王、重伤他李豫，近期又敢逼迫太上皇迁居，他真不是好惹的。从这里也可看出李豫是一个非常胆小怕事的人，虽然前边口口声声说要给弟弟建宁王报仇，但是没有十全的把握，他不敢轻易动手。

“太子，这件事情必须赶快决定，不能再拖了，再拖下去，你我的性命都不保啊！只要我们秘密将他们处理掉，不惊动皇上就行了。”张皇后见李豫这么犹豫不决，心中早就不爽，但是手中没有王牌，只能不断打消他的顾虑，希望太子与自己合力。

“让我再考虑考虑，这事先放下吧，我们想想办法怎样治好父皇的病为重。”李豫自始至终都没足够的胆量。

优柔寡断，难成大事。张皇后对他再也不抱任何希望。既然最有能力扳倒李辅国的不能依靠，那么退而求其次，寻找越王李係帮忙。相对于太子而言，越王李係除了不是太子之外，其他各方面的实力还是非常不错的。

首先,他和李辅国不和由来已久。其次,李係是个有野心的人,他想当太子已经很久了。最重要的是,现在李係正在潼关带兵,手中握有军权,他能够调动兵力对抗李辅国。不过,唯一不足的是,李豫太过于犹豫不决,而越王李係则相反,过于鲁莽和血气方刚,欠缺周全考虑,根本没有大局思想。只是除他之外,再也没有更好的人选了。这也是无可奈何的事情,张皇后和李辅国已经是水火不容,肃宗很快就会去西天报到,现在宫中形势剑拔弩张,如果她张皇后不动手,李辅国也会马上把刀伸向她的脖子。与其等着被人宰杀,不如趁着还有一线生机发起反击。从这里也可以看出,太子不敢出手相助,张皇后只能寻求外援,可见李辅国此时已经掌控着朝廷。在张皇后布局的同时,李辅国也没有闲着,他早有内线安插在张皇后身边,因此她的一举一动都被李辅国监视着。

话分两头,张皇后秘密将越王李係召回宫中,跟他说了自己的计划,李係就兴奋得很,立马答应和她合作。似乎,皇帝宝座已经近在咫尺了。

"这样,我们先在宫内埋伏好一队人马,等他们一走进来,马上包围过去,将他们一举杀掉,不留活口。到时候,皇位不就是你的了吗?"张皇后这计谋很毒辣,越王李係听得心花怒放。

商定了计谋,张皇后假借肃宗的名义拟了一份圣旨,说是肃宗想见他们商量事情。李係则找来了5位信得过的掌权太监,让他们暗中挑选200个身强体壮的太监,个个穿好铠甲,拿上兵器,埋伏在大门和通道两边,只要见到李辅国和李豫走进来,就乱刀砍死。

这个计划其实在历史上有过很多类似的,成功率极高,因此他们都信心满满,相信这次能够让李辅国吃不了兜着走了。但是他们忘了,李辅国在宫中多少年了,早已眼线密布。所谓隔墙有耳,就是这种情况。这不,正当他们以为万无一失的时候,内应就将他们的计划一五一十汇报给了李辅国。

"好一个狠毒的计谋!"李辅国听了也有些惊心,不过他终究还是见惯了各种争斗,你有张良计,我有过墙梯。既然你不仁,我也不义,就来一个将计就计,反将你们一网打尽。

李辅国眉头一锁，很快计上心来。他叫来了心腹程元振，吩咐他率领数百名精悍的禁军守在凌霄门外等待指令。

一场皇宫之中腥风血雨的争斗即将随着清晨的一缕阳光而来。

天刚微微亮的时候，听到父皇下诏，李豫就匆匆赶了过来。埋伏在一旁的李辅国远远见太子来了，赶忙迎了上去，凑近他的耳旁，简明扼要地向李豫说出了张皇后和越王李係将图谋不轨，将要对他们不利的事情。

"太子殿下，且慢进去。我收到可靠消息，圣旨是张皇后拟的，她和越王李係想联合起来杀害我们。现在，宫中早已经布好了他们的埋伏，如果殿下果真进去，就着了他们的道，必死无疑。所以，殿下若信得过老奴，就暂且别进去，老奴自有妙计。"

李豫一听，蒙了，心中拔凉。倒不是因为张皇后要害自己的事情，李豫又不是傻子，当然早就知道张皇后的心思。他伤心的是自己的亲弟弟李係竟然会联合张皇后来谋害自己。李豫简直不敢相信自己的耳朵，但是又不能不相信，毕竟为了皇位和权力，在大唐历史上已经出现过很多诸如此类的事情了。

不知道张皇后他们要危害自己还好，现在知道，李豫呆在那里，进也不敢进，退也没地方退。

"殿下，请为了江山社稷和您个人安全着想，还是别进去。现在张皇后已经将皇上控制起来作为诱饵，就等着您进去自投罗网呢！这叫什么，这就叫作挟天子以令诸侯。说句不该说的话，皇位只有一个，越王早就有做太子的心思，此时趁着皇上病危，勾结张皇后谋逆造反，一点也不奇怪。"

确实啊，为了皇位，还有什么事情干不出来呢？李豫被李辅国和程元振的话唬住了。虽然他早就听闻李辅国擅弄权术，但是在这个时候，他这个缺乏政治经验的太子爷，早就慌了神，哪还有什么理智想到李辅国的奸诈呢？他只在乎自己的性命。

见太子李豫被自己吓得一愣一愣的，李辅国这才将自己的计谋告诉李豫。

"殿下，咱们不如来个将计就计，兵分两路。首先，我早已经让程元振率领禁军在宫门外潜伏好了,就等关键时刻冲出来将他们一网打尽。现在,您只需要和老奴就当作什么事情都不知道一样去敲门,等到他们将城门打开,您一定要记住,哪里也不要去,就往飞龙厩奔去,那里是绝对安全的。这第三步,就是老奴们的事情了,您只管保护好自己的安全,我们很快就会给您带来好消息的。"

不愧是擅弄权、玩心术的老手,在这紧要关头,李辅国还特地替李豫想好了退路,这让李豫对他的印象有了很大改观,对他很是感激。

"就照你说的去办吧!"李豫吩咐道。

"你们,一定要保护好太子殿下。一会儿大门开了,你,还有你,负责保护太子殿下安全转移到飞龙厩去。"李辅国安排好人马,就让人保护着太子一起来到大门前。

"里面的人快通报,太子殿下和李大人来了。"

大门里面早就埋伏好了一众武装起来的太监,带头大太监一看果然是太子和李辅国来了,而且一共才不过十来个人,心中暗喜,马上令人打开宫门。

"冲啊,随我进去将谋逆者抓住!"大门刚打开,只见那两个机灵的禁军士兵早已将太子拉着往飞龙厩飞奔而去,程元振也率领伏兵赶上,李辅国大喊一声,不等门内的太监们反应过来,数百名禁军一拥而入,一顿砍杀。里边的都是一些太监,平时就很好舞弄刀棍,这时候遇到这些身经百战的禁军士兵,哪里是他们的对手啊,没一会儿,一些太监就被砍杀,领头的几名大太监,以及被吓傻了的越王李係,全都被李辅国给俘虏了。

"跟我进去把张皇后给找出来!"

李辅国直奔其寝宫,结果人早就跑了。原来,张皇后听到外边的打杀声,知道自己的计谋已经失败,于是就逃往肃宗的房中。她想,李辅国再胆大妄为,也不敢在肃宗面前杀人吧。可惜她错了,李辅国在她的寝宫没有找到人,就已经想到她会藏在哪里。

"一定是在皇上的寝宫里,快,跟我来!"李辅国马上率领士兵们赶到了皇帝寝宫。果然,只见受了惊吓的张皇后浑身哆嗦躲在屋里,李辅国径直向她走去。张皇后拼命喊叫，想让肃宗救救自己，可是肃宗此时连说话的力气都没有，只见他躺在病床上，全身剧烈发抖，眼珠子睁得很圆，都快要挣脱眼眶的感觉。他的眼里喷出一种愤怒、绝望的光，就这样直勾勾地盯着李辅国，看得李辅国心里有点发毛。虽说是将死之人，但是毕竟跟随他这么多年，李辅国还是多少有些怕他。

真是一个吃里爬外的家伙，竟然连皇后都敢动。李辅国知道肃宗心里一定这样狠狠地咒骂他。但是李辅国很快就镇定了下来，因为他发现，肃宗根本就动不了了。

肃宗死了，李辅国终于松了一口气。

“走，看你还敢算计我！”李辅国冷笑一声，将张皇后拼命拽着往外拖。一国之母就这样被一个宦官一直拖出了寝宫，由李辅国下属捆绑起来带到了偏殿守着。就在这时，收到消息的兖王李僴（肃宗的第6个儿子）带人闯了进来，没想到还是来晚了。不但来晚了，还主动羊入虎口，也被李辅国抓了起来。

一代帝王唐肃宗，即位不过5年时间，叛乱还没有完全平息，就这样悲惨离世。而他的父亲唐玄宗，只不过比他早走了13天而已。父子俩落得如此下场，其实也是咎由自取，是他们腐败执政的必然结果。如果唐玄宗不用李林甫、杨国忠、安禄山之流，唐肃宗不用李辅国、元载一类，他们自身能够励精图治，而不是贪图享受、听信谗言、亲近小人，那么结局必将大不同。可是历史没有如果。最可悲的是，或者也是身不由己，毕竟前面一路留下来的积弊很难一时除却，在唐玄宗、唐肃宗死后，李豫成为了唐朝第二个被宦官簇拥登基的皇帝，是为唐代宗。

没错，李辅国再次成为“功臣”。

## 第五节　唐朝第一个宦官宰相

代宗即位后，李辅国就更加嚣张跋扈了。因为他不仅掌握着军政大权，还是两朝“功臣”，谁敢得罪他？就是代宗，也不敢对他表示出半点不满。不仅不对他进行批评，而且还要嘉赏他，将他封为司空兼中书令。唐朝实行三省六部制,这在前面有详细介绍。其中一省就是中书省,中书令就是中书省的长官,行使宰相职权。这意思就是说,李辅国终于梦想成真,当上宰相了。

有些事情就是这么奇怪,特别是名和利,让多少人趋之若鹜,最终都迷失了自己,走入了不能回头的腐败贪污的道路。原本李辅国已经是权势最大的人了,但是为了一个头衔、虚名,不惜掀起腥风血雨。可是最终到手了又能怎样?表面上看,人人都敬畏他,连代宗都要尊称他为“尚父”(对父辈或者大臣的最高礼仪性尊称),但实际上人人恨不得将他扒皮食肉。

可是李辅国此时早已飘飘然,什么人都不放在眼里,包括代宗。在他看来,代宗甚至比肃宗还要软弱。之前杀他弟弟,还将他重重刺伤,他到现在连一个字都不敢提,这么窝囊的君主,将他玩弄于股掌之上岂不是轻而易举的事情?李辅国想着就在心里偷着乐。

俗话都说新官上任三把火,代宗虽然暂时奈何不了李辅国,但也想做点事情出来,好告慰自己的祖父、父亲在天之灵,同时也让文武百官、天下百姓对自己这个新君主臣服。可是,李辅国却说了:“陛下,天下大事,您都不用管,一切有老奴在外边给您担着,您就安安稳稳在宫中坐着就好了。”

这话说得如此赤裸裸,不就是要他延续自己祖父、父亲那条路,做一个傀儡皇帝吗?这不是明明白白告诉世人,他李辅国要成为代理皇帝吗?代宗心里是一万个不高兴,但因为自己刚刚坐上帝位,羽翼还没有足够丰满,还不能抵挡李辅国的权势,再加上现在的政局还没有稳定下来,只好先忍一忍,到时再见机行事。

不过,李豫能忍,李辅国身边的心腹,就是那个当初和他一起策划、执行后宫惊变的程元振不能忍。他觉得自己对李辅国有很大的功劳,但是李辅国却忽视了他的功劳,只顾着自己,完全没有提拔他的意思,因此他对李辅国抱有愤恨之心。

既然你过河拆桥,那就别怪我不客气了!程元振罗列了李辅国许多罪状,请求代宗严加惩办李辅国。代宗收到程元振的奏章那是一个高兴啊,可是仅凭他自己,根本扳不动李辅国啊。

“陛下请放心，只要陛下下命令，奴才自然会从中协助。”

既然程元振打了包票，代宗就将计就计，借刀杀人，利用程元振这个宦官来除掉李辅国那个宦官。

这一年六月，历史性的一刻又将重演。只见程元振准备好了人手，并且暗中早已将李辅国的势力转移到了自己这边，就让代宗找了个机会，将李辅国宣进了宫。

李辅国完全没有戒备，但见他信步走到了大殿之中，才发现大殿之上的代宗、大殿之下的程元振早在那里等候着。而两旁，还各列着一队全副武装的将士。

多么熟悉的场景，当初他就是这样威胁肃宗不去追究他假传圣旨的事情的。到了这时候，李辅国明白，大势已去，心中非常震惊。他恶狠狠地盯着程元振，程元振没有接招，把头撇了过去。

“李公公，你终于来了。”代宗发话了，底气十足，“今天召你来，也没有别的事情，就是朕想到你年事已高，作为三朝元老，真的是辛苦你了！现在朕这边有程公公帮忙，所以朕想给你放个长假，卸下肩上的重担，把军政事务交给程公公就好。你呀，就好好享受一下晚年的时光，有什么需要就跟朕说，你看怎样啊？”

李辅国简直蒙了，好你个程元振，果然是你搞的鬼！他一生设计诬陷了多少人，从别人手中夺取了多少权力，现在竟然也会被人设计、夺取他的权力？看来自己是真的老了，竟然没有对程元振有一丝的防备，让他小人得志。李辅国心里那个恨呀，但此时虎落平阳，他还能怎样呢？就这样，几乎没有他说话的分，他就被解除了所有的职务，包括刚坐上的宰相宝座。他对宰相之位确实耿耿于怀，情有独钟，在被解除了中书令职务后，他还想到那里去写一封谢表，用来怀念一下还没坐热的宰相位置，可是守卫不让他进去，说那是宰相办公的地方，哪里是你们闲杂人等可以随便进出的，气得李辅国心中郁闷，一肚子的牢骚都出来了，说要跟随肃宗去地府报到，好让肃宗知道自己是怎样被他的儿子对待的。

如果李辅国真的去报到，估计肃宗都会在那里掐着他的鬼魂，恨不得让他再死一次吧。快死到临头了，还嘴上逞强，李辅国也是没有招数可使了。本来，他还幻想东山再起，可是现在不行了。

很快，他就被代宗请出了皇宫，回到了自己的府邸。天下百姓听闻，无不额手称庆，个个高兴得就像过年一样。

“皇上英明，皇上英明！”百姓没有更好的表达方式，一个“英明”道出了心中忍耐了多久的辛酸苦楚。

李辅国真的老了，他很落寞地在自己的府邸内伤心。不过，他这种伤心并没持续多久，因为他再一次没有一丝的防备，再次被人设计，不过这一次，不是被革职除权，而是永久性地脱离了这种痛苦。毕竟李辅国纵横朝廷、把控朝政多年，党羽遍天下，再不趁机将他除去，让他回去培植势力，再来一个类似于安史之乱的祸行，那可如何是好。

大家都不会给他这个机会。宝应元年(726)秋天的一个晚上，李辅国还没有离开京城，他在府中睡着了。就在这时，一个刺客以最快的速度一剑刺入了熟睡中的李辅国的心脏。刺客剑法很准，李辅国没有遭受多大的痛苦就这样死了。可是刺客没有马上离开，而是等他死后又很熟练地将他的脑袋和右手臂都割了下来带走了。至于这刺客是谁，李辅国的脑袋在哪里，从此成为了历史上的一个谜团。尽管代宗下令搜捕刺客，但也没有一点消息。

被人割下首级，这对于古人来说是一个很大的耻辱。尸首不全，是古时候的一个忌讳，是对死人最大的不敬。这一年，李辅国还差一岁才走完一甲子(60年)。他再也不能作恶行凶了。代宗让人找了很久都没有找回他的头颅，最后只能请人做了一个木头脑袋安上去，就这样下葬了。

这其中有一个巨大的疑问笼罩在人们的心头，没错，那就是李辅国究竟是谁杀死的。这成为了唐朝历史上的一桩有名的公案，从当时到现在一直争论不休，没有一个准确的、令所有人都信服的说法。不过，在史学界，有三种说法获得了较多人的认同。

第一种说法认为是代宗派人暗杀的。原因很简单，代宗对李辅国的怨恨是由来已久的。首先，代宗还不是太子的时候，他的弟弟建宁王就被李辅国和张皇后设计杀害了,他自己差点也因此被刺客杀死。这是一桩血仇,当时他就说过一定会给自己弟弟讨回公道的。其次,在成为太子之后,李辅国多次设计要对代宗不利,代宗有想除掉他的想法也不足为奇。再者,唐玄宗被他假传圣旨移居太极宫,过得很不开心,没多久就死了,这事李辅国脱不了干系。还有就是,肃宗虽然不是李辅国杀死的,但是却因为受到李辅国的惊吓而死,可谓是间接被杀。综合起来,代宗的爷爷、父亲都是被李辅国间接害死的,他的弟弟是直接被李辅国命人杀死的,他自己也差点被李辅国的刺客杀害。这几桩血案、命案,任何一桩都足以构成代宗派遣刺客杀死李辅国的理由。不过,李辅国又是拥戴代宗当皇帝的"功臣",代宗如果明着下手,就没有一个正当的理由。而派人暗中刺杀李辅国,然后再将刺客杀死,那么就死无对证,也达到了报仇雪恨、祭奠死者,让李辅国死无全尸的目的。当然,这都是李辅国咎由自取,只是被以其人之道,还治其人之身而已。

第二种说法认为李辅国是被程元振派人干掉的。这也很好理解,程元振作为李辅国的手下,平时就没有少受李辅国的气。这就算了,如果李辅国能够帮助他在权力的攀登道路上一直前进也是值得的,但是作为代宗的"功臣"之一,李辅国为自己谋取了许多名利,程元振却没有得到想要的职务和奖赏。因此,程元振从李辅国那里夺取大权之后,又怕他的党羽太多而不听从自己的指挥,于是就干脆将他杀害,一了百了。这样,也能够起到震慑李辅国党羽的作用,那意思就是:你们谁不肯听从我的安排,谁就是下一个李辅国!

第三种说法是民间的刺客杀死了李辅国。因为李辅国为官多年,不仅对朝廷文武百官多有得罪和杀害,他执政期间还给百姓带来了深重的灾难,让本来就处于战火中的百姓生活更加艰难。因此,就有民间的高手化为刺客,潜入他家将他杀死。

对比上述三种说法,其实第一种说法的可能性比较大,最后一种说法则比较牵强。俗话说,瘦死的骆驼比马大,普通百姓虽然痛恨李辅国,但是对他还不够知根知底,如果不是绿林大盗或者江湖侠客,恐怕没人敢这样做。倒是代宗、程元振，对李辅国很是了解，也对他有很深的仇恨与忌讳，特别是背负着几桩血海深仇的代宗，不杀死李辅国不足以泄心头之愤呀。不过，不管是哪一种原因，不管他是怎么死的，对于代宗来说，对于程元振来说，对于天下百姓来说，这都是一件令人高兴的事情。而李辅国的悲惨下场告诉我们，虽然挖尽心思、做尽伤天害理的事情而圆了自己的宰相梦，但这梦却是昙花一现、黄粱一梦。他的下场，也证实了腐败终究是没有好果子吃的。自食恶果，说的就是这种人。

# 第九章　元载:唐朝巨贪的滑落

元载,字公辅,凤翔府岐山(今陕西省岐山县)人,唐朝宰相。天宝初,因熟读庄子、老子、列子、文子,考中进士。肃宗时,因与掌权宦官李辅国之妻同族而受到重用,管理漕运。代宗时,为中书侍郎同平章事(即宰相),封许昌县子。后又授予天下元帅行军司马。因先后助代宗杀了李辅国以及后来的鱼朝恩两个掌权宦官而更加受到皇帝信任,此后专营其私产,大兴土木,排除异己,最后因为贪贿而被杀抄家。

## 第一节　心高气傲意在宰相

元载是陕西省凤翔岐山人,和上一章的传主李辅国一样,也是一个打小家里贫穷的孩子。不过,他比李辅国要幸运,没有被送去当太监。在元载还很小的时候,他的生父就已经去世了,元载成为一个单亲家庭的孩子。后来,元载的母亲带着他改嫁给一个叫作景升的普通人,这人就是他的继父了。继父原来不姓元,而是姓景名升。之所以元载不叫景载,那跟继父的工作有很大的关系。原来,继父的工作是给唐太宗的第十四个儿子曹王李明的妃子元氏家收田租,元妃见他很能干,于是就从中穿线,让景家与元家宗族相联,景升就相当于是放弃了自家的姓氏,入赘了元家一样,因而从此改姓元。这样一来,元载就自然随着继父姓元了。

和前面介绍的杨国忠、李辅国等人有很大的不同,元载并不是不学无术的小混混或者从小就在宫里讨日子的人。他是一个很爱读书的人,从小就苦读诗书,而且很喜欢写文章,算是肚子里比较有文化的那一类人。不过,他有一点反叛精神,他最爱读的并不是儒家诗书,而是道家的书。这也就是为什么他人很聪明,读书也多,但连乡试都不能通过的原因。因为当初朝廷考察的,还是传统儒学。

不过,很快元载的机会来了,唐玄宗是一个对道家非常着迷的君主,他后期身体不好的一大原因就是吃丹药。这不,他要选择的举人不只是能够熟读诗书,更要懂得老庄之学。养兵千日,用在一时,这会儿元载一试即中,被朝廷授予了邢州新平县尉的官职。虽然这是一个芝麻绿豆小官,但却是唐朝县制里边很重要的一个职务,它仅次于县长,负责很多文书、税务征收等工作。这是很容易出政绩的岗位,元载很快就因此而被上司赏识,推荐成为判官。再后来一路晋升为大理评事、大理司直等官职。

安史之乱后,出于军务处理的需求,朝廷大量增加相应的官员。这对于元载来说又是一个晋升的绝佳时期,他就是在这个时候进入了肃宗的视野。在收复长安之前,他已经出任洪州刺史了。古时候的州相当于现在的省,州刺史就是州里边最大的官。可见,元载是非常有为官能力的。在朝廷回归长安办公以后,元载再度升迁,成为度支郎中。这是尚书省下的一个官职,这时候,元载已经成为国家中央机构的官员,受到了肃宗的赞赏和认可。不久,他被肃宗任命为御史中丞,负责统领江淮地区的漕运事务。这是一个肥差,元载从中捞到不少好处。

和很多高官一样,元载对于名利的追求是永无止境的,虽然已经达到了中央官员级别,但是他的目标同样是宰相之位。恰在这时,肃宗病重,大权旁落李辅国手中,元载又迎来了一次很好的机会。

讲到这里就可以发现,元载的升迁之路一直都非常顺畅,这里主要有两个原因。前期而言,最重要的当然是他个人的能力,元载不仅比很多官员读书多,而且脑子非常灵活,又善于与人打交道,这都给他升迁带来了很大的便利。但是当职务上升到一定阶段的时候,单单靠能力是很难再往上攀登的了,这之后就要靠关系了。我们知道,肃宗病重前后,李辅国一直都觊觎着相位，但是肃宗、萧华等人联合起来抵制李辅国，让他的计谋未能得逞。李辅国于是打压萧华，最终帮助元载登上相位，让元载完成了权力攀登的梦想。

为什么李辅国会选择元载这个这么有能力的人去担任宰相呢？按照之前李林甫、杨国忠等人的思维，提拔属下担任要职，都是提拔那些胆小懦弱，同时能力并不是很强的人，这样好控制。而元载明显不是这样好控制的人。原来，李辅国和元载不单纯是上下级的关系，他们还有着宗亲关系：李辅国的妻子也是元氏家族的人。

有了这层关系，两人就比别人多了几分亲密，李辅国乐于收纳这样一位聪明但是对他来说并不构成威胁的属下，而元载可以依靠李辅国获得更多的晋升渠道。

一次，朝廷要选拔京兆尹，李辅国就有意让元载去做。京兆尹是治理京城的三大官员之一，另外两个是左冯翊和右扶风，三者合称为“三辅”。这不是一个小官了，但是元载心高气傲，还是看不起，他不想耗太多时间在其他官职上，他的目标很专一，就是宰相。

因此，才上任京兆尹没多久，他就找到了李辅国，告诉他自己想要的是相位，请求辞去现在的官职。当时，李辅国也在争取相位，不过失败了，于是他就顺水推舟，将萧华赶走，然后竭力推元载上去。就这样，元载成功上位，与李辅国里应外合，两人共同把控着朝廷的风向。后来，李辅国被代宗和程元振联手赶下台，元载又接替了他的天下元帅行军司马一职，手里同时握着政权、军权，权力达到了个人的顶峰。不过，元载却还不开心，因为他还有一个非常强大的对手处处与他作对，这人就是宦官鱼朝恩。下一步，元载的目标就是为自己的仕途清扫障碍，除掉鱼朝恩。

## 第二节　君臣联手铲除鱼朝恩

鱼朝恩和李辅国是同一时代的人，不过比李辅国要小十几岁。他们都是在唐玄宗时期进入宫中做太监的，同时都是太子李亨身边信任的心腹。在李辅国权霸天下的时候，鱼朝恩同样大权在握，只是在李辅国的光焰之下不那么显露。鱼朝恩真正权倾朝野，还是在程元振也倒下之后。也就是说，唐朝宦官当权，从李辅国开始，然后又出现程元振（代宗前期），到代宗后期则是鱼朝恩。

这鱼朝恩仗着自己掌握着数十万兵权，谁也不放在眼里，就像当年的李辅国那样，于是代宗在除掉李辅国、罢免程元振之后，又对鱼朝恩感到非常厌恶。代宗的心思给元载知道了，元载仔细思考过后，决定去找代宗密谈此事，除掉鱼朝恩。这样一来，代宗肯定会对元载更加器重，而他又少了一个劲敌，何乐而不为呢？

很多人会奇怪，为什么元载会知道代宗对鱼朝恩的厌恶之情已经达到要将他杀害的地步呢？代宗是一个谨慎的人，不会轻易流露出这么极端的情绪，因为他的皇权已经被宰相、宦官、大将等人瓜分去了一大半，一不小心，他就有可能重蹈自己父辈、祖辈的覆辙，成为一个不得善终的皇帝。元载之所以能够随时捕捉到代宗的心思，那是因为他贿赂了最接近皇帝的一些宦官，他们会第一时间向他汇报代宗的情况。换句话说，元载监视着代宗的一举一动，因此总能比别人快一步知道代宗的行踪和意图，也因此总能得到代宗的赞赏和认可。

所以，在代宗对鱼朝恩产生了非要铲除他不可的念头的时候，元载就主动找上门，要为代宗解决这个难题。但是代宗还是不放心啊，要知道现在的鱼朝恩比起当年的李辅国还要厉害，他手里掌握着几十万的兵力，而且党羽遍布，一不小心，他就有可能像肃宗那样落得个死不瞑目。

“陛下，这件事情您只要全权交我办理，我肯定能给您一个满意的答案。”为了打消代宗的顾虑，元载打包票只会成功，不会失败。元载的自信感染了代宗，也让他有几分感动。他叮嘱元载道：“爱卿千万要小心，鱼朝恩是一个十分狡猾的人，不要反被他算计了。”

鱼朝恩是个什么样的人，元载很清楚。两个都是玩弄权术的高手，元载也并不比鱼朝恩高尚。因此，元载并不畏惧鱼朝恩，而且做了精心的布局，要一次就成功将他置于死地。

这第一步，元载侧面进攻，解除他的保护圈。鱼朝恩重兵在手，他的心腹就是两大将领，一个是总川射生将周皓，他是鱼朝恩的贴身保镖，负责鱼朝恩每次上朝的安保工作；另一个是陕州节度使皇甫温，他是鱼朝恩的外援，一有变动可以随时起兵救援。一内一外，构成了鱼朝恩坚固的安防工作。如果要将鱼朝恩扳倒，就必须将这两道防线同时击破。要击破的最好方法就是将他们收买，而收买人心最快捷的就是贿赂。在官场上，除非是极其正直的人，不然其根本追求都逃不过名利两个字。而名利恰好是宰相元载所能提供的。他先是用重金收买了周皓，然后又跟代宗一合计，将皇甫温升任为凤翔节度使。皇甫温得到升迁，自然对皇帝感恩戴德，而鱼朝恩看到自己的部将升迁了，也很高兴，以为是皇帝对自己更加恩宠的表现，心里美滋滋的。但他不知道，这是元载在背后使的诡计，目的就是要让鱼朝恩产生这样的错觉，让他麻痹大意。

等到过了一段时间，鱼朝恩完全放松了警惕，全然不知自己身边两大守护神都已经向元载这边倾倒的时候，元载觉得时机到了。那是大历五年(770)，元载与代宗决定借着寒食节这天皇帝要宴请群臣共度佳节的机会对鱼朝恩动手。要知道，除了金钱美色之外，最能让一个人放松警惕的就是美酒佳肴了。所谓“饱暖思淫欲”，吃饱喝足之后大脑就会比平常放松许多，再清醒的人也会有所松懈。所以，在酒足饭饱之后，代宗就让鱼朝恩单独留下来，说是有要事商议。

鱼朝恩虽然也觉得有些奇怪，有公事为什么不在吃饭喝酒前商议，非要到这个时候才进行呢？但转头一想，谅他代宗也要不出什么花招，自己还有周皓及其部下数十人护着，难道还怕他不成！

还真不怕不成。鱼朝恩一脚踏进了那个他不知走过多少回的大殿，但他没想到这是他最后一次走了进来。只见他一身轻松地走进来，却迎来代宗的一声大喝：“鱼朝恩，朕向来待你不薄，为什么你还要生二心，意图造反？”

突如其来的审讯让鱼朝恩脑子一下子短路，愣住了。不过忽然他就明白过来，又恢复了往常的傲慢，大声辩白，质问代宗有何证据说自己图谋造反。他不知道这是一个陷阱，就凭他这种态度跟皇上说话，在古代就已经是冒犯天颜了，哪里还用其他理由。说时迟，那时快，就在鱼朝恩逞口舌之快的时候，刚才还是护送他的周皓等人忽然就将他扑倒在地，然后用早就准备好的藏在身上的丝绸将他当场勒死。整个动作一气呵成，处理得非常干净利落。

鱼朝恩一死，从此，朝廷少了一个恶霸，代宗很是开心。但他却没有料到，鱼朝恩并不止一个，在权力的作祟下，除掉一个鱼朝恩，必然会有下一个鱼朝恩跳出来，继续前一个鱼朝恩的专权行为。这下一个鱼朝恩，正是除掉了前一个鱼朝恩的元载。

元载仗着自己有除掉鱼朝恩的功绩，而且当今朝廷上没有一个人能够对他造成威胁，他便开始恣意妄为，大肆敛财，显露出他的丑陋嘴脸。他敛财的一大途径就是嚣张地公然买卖官爵。而在买卖官爵之前，为了能够空出要职卖个好价钱，他总是将那些忠良之臣全都排斥在朝廷之外，将他们安排在一些闲职上面，造成了朝廷人才的浪费和流失。而对于那些要职，几乎都是留给关系户或者有钱买官的人。

世界上没有不透风的墙，而且元载买卖官爵、收受贿赂的行为已经是公开的秘密，代宗不可能不知道。但是代宗看在他为自己除掉鱼朝恩的分上，不忍心对他进行一样的惩罚，想和他保持这一份良好的君臣情谊。为此，代宗还特意私下里找过他好几回，跟他谈心，劝导他赶快收手。可是元载却没有领情，他虽然表面上每次都答应了代宗，保证严格要求自己，但是转身又忘了。其实，在元载的心里，一直都觉得既然代宗三番五次给自己机会，那么必然就是对自己有这种容忍度，他不会来真的。就是代宗这种纵容，让元载更加肆无忌惮地横行霸道。

比如，有一次，有同僚向皇上罗列元载的罪行，希望皇上严惩不贷。元载知道了之后，反而威逼代宗，把这揭发他罪行的人在朝廷之上给活活打死。这件事情引起了不小的争议，也让人们看到了元载狠毒的内心，以及他过于膨胀的权势。自此之后，人们都不敢与他同行，不敢亲近他，唯恐一个眼神不对，就被他杀害。因为连代宗都制服不了他，到时被元载盯上了，谁还能搭救自己呢？元载对于人们的这种侧目和疏远却满不在乎，他要的就是这种效果。他平素交往朋友，本来就极力排斥忠良，不是他的党羽概不结交，凡是有道义的人也会对他疏远和抛弃。这就应了那句老话，蛇鼠一窝。代宗对此也颇为无奈，因此更助长了元载的腐败。

## 第三节　名副其实的唐朝巨贪

是的，大权在握后，元载腐败、骄奢淫逸的一面开始展露无遗，不仅在政治上玩弄权术，更在私生活上糜烂不堪。其中，元载更有一种癖好，那就是非常热衷于建房盖屋。他因此成为了唐朝闻名一时的大房主。我们知道现代人热衷炒房，有的人有几十套房子。但是与唐朝房叔元载相比，差距不是一般的大。那么他到底有多少间房子呢？据历史记载，他所建的屋宅，唐代长安都城有坊109个，元载就占其三，分别是大宁、安仁、长寿三坊。一坊就堪比现在的一个小区，可见其房产规模之大，建筑之多。

还不够清晰？那么我们再来看看他倒台后，清算出多少房产。元载被诛杀后，被没收的大宅至少有数百间。而且，很多宅院的修建规格非常高，豪华奢侈至极，在当时都找不出第二个有这样财力的人。这类别墅，少说也有数十间。据说，他在洛阳的一家私宅，风格为园林风格，在没收充公之后，稍经改造，就是一座非常豪华的皇家花园。皇家花园什么概念？地方足够宽敞，里边名贵的花花草草数不胜数，而且假山等各类装饰令人眼花缭乱，房舍也是多得很。我们平常旅游去看的那些古人留下来的园林式宅院，还是比较普通的，都有数十间房舍，可想而知元载的花园式私宅是怎样一种情形了。

说到这里，就不得不提一下其中一间厅堂，它的名字叫作芸辉堂。这是元载最喜欢的一个空间。为什么呢？先要从它的名字说起。芸辉，这个很有文艺风范的名字并不是元载自己取的，它是一种珍贵的香草的名字。而且，这种香草在我国中原是没有的，它产自当时唐朝的西域王国，一个叫作阗国的地方。芸辉是玉白色的，是一种不会腐烂的神奇香草。当时的达官贵人就用它来作为刷墙的涂料。这样一来，既可以粉刷墙壁，将它刷得像镶嵌了玉石一样，又能够令室内持久散发出特殊的香气，令人心旷神怡。

除此之外，这间芸辉堂每一处建筑细节都非常讲究，讲究到它的屋梁是用沉香木做成的，它的窗户是用金银搭建的，它的屏风是用名贵玉石打造的。

当然，这些东西都不是元载正大光明、心安理得获得的，要么是贿赂得来的钱添置的，要么就是从其他人那里搜刮而来的。就说那块玉屏风，以前是杨国忠最心爱的宝贝，不知怎的就到了元载这里。上面刻画的图案巧夺天工，真不知道玉石雕刻的技师们到底耗费了多少精力才制作出这样一块完美无瑕的东西。只是，这样一件艺术品，最终却落到一个个大贪官的手中，成为他们的玩物，想想也是令人感慨。

还有一件更神奇的东西，是一件轻纱帐，非常轻盈，名叫紫绡帐。这也不是当时中原所有的东西，原本是南海溪洞一个酋长所有的，也不知道怎样就给元载搜刮到自己的府邸里。可见，元载贪得无厌，不仅贪钱，大量建造房屋，而且所有珍贵稀奇的，不管有用没用，他都照贪不误。这件紫绡帐之所以说它神奇，是因为它质地轻盈，挂上去是透明的，但却可以抵挡外面吹来的风，可见其制作非常精细。

类似这样的东西，在他的宅子里数不胜数，随便走到一处，拿一样物件出去，都足够普通百姓盖一间经济适用的房子了，更别说数百家宅邸，皇家园林般的别墅。拿他的俸禄来说，就是一间这样的豪宅，也是不可能建造起来的，这其中的猫腻，所贪污的赃款，多不胜数。

根据野史记载，这里还有一个颇具神奇色彩的小故事。说的是元载某天闲暇的时候，他来到一处院子里，倚着栏杆静静地欣赏着池中盛开的花朵。正看得入神，却不知从哪里传来了一曲非常美妙动人的歌曲，那曲子的名字叫作《玉树后庭花》。听那温婉轻柔的声音，非常像一个只有十四五岁的天真无邪的少女唱出来的。元载很是惊奇，到处寻找，都没有发现有一个这样的少女。找来找去，他竟然发现这个声音不是从别处传来的，而是从水池边的一朵芙蓉花里边传出来的。元载有点被吓着了，这事情太玄乎了。但是他又按捺不住自己的好奇心，踮起脚尖轻轻地走过去剥开那朵芙蓉花，哪里有什么女孩子啊。是啊，想想也不可能有啊，这个声音他也只是听到过一次。而就在听到这个声音不久，他就下台了。

按现在的科学知识来解释，这自然是一件极其荒谬的事情，然而故事的背后，却告诉我们许多。与其说这是一个传说，不如说是一个寓言故事，而且很可能是元载之后的人杜撰出来的。《玉树后庭花》历来被称为亡国之音，这里用在元载身上，作者无疑是告诉人们，如果做官都像元载那样贪污腐败，那就离死亡不远了。如果朝廷的腐败一直这样下去，国家的灭亡也同样不远了。

唐朝房叔元载就栽倒在贪污腐败这件事情上。他靠贪污建造了大量的房屋，以至于一家大宅院光是打理的奴仆、婢女，就要上百人之多。可见其奢侈的程度令人咋舌。不过，奢侈腐败的最终结果都只有一个，那就是悲惨的结局。

## 第四节　一代巨贪终伏法

说到元载的贪赃枉法，如果将他所有的罪行都罗列出来，用罄竹难书这个词来形容是最贴切不过的。这里也有一个小故事，或许可以以小见大，感受一下元载的贪得无厌，以及权势之大。

上面不是说过，想做官走捷径的话，那就找元载吗？这已经成为大街小巷遍传的公开秘密。当时安徽宣州有一个老头儿，听到大家都这么说，也不知道真假，觉得无论如何都要去试一试吧。学而优则仕，做官对于古人来说，有着莫大的吸引力。老头儿不想自己到死了都带着遗憾入棺材，于是非常任性，将家里的老房子给卖了，一心进京去找元载买官做。他千辛万苦来到京城找到了元载，说明了自己的意愿。元载先收了他的钱，然后左思右想，发现根本就没有适合他的官职。怎么办？退钱？那是不可能的，元载是有进无出。但如果不给老头儿一个交代，就变成欺诈、言而无信了。做生意，最讲究的就是信用嘛。

最后，元载想到一个办法，他在一张便函上什么也不写，就签上了“元载”这个大名，然后就将这老头儿打发出去了。老头儿一看，当时不敢言语，嘴里连连称谢就灰溜溜地走了，心里却一直咒骂。他没想到，自己卖了唯一的房产，将变卖的钱全数交给了元载，他就给自己这么一张破纸！

老头儿也是没办法啊，钱没了，官也没领到，那只有赶回去啊，或许以后投靠亲戚什么的，反正京城是没办法待的。一天，他走到了幽州境内，又饿又累，难受得很。

可惜身上没有钱，怎么办呢？老头儿喃喃自语，手却不自觉地摸向了自己的袖口。不对，这不是有元载给的这张便函吗？如果一点用都没有，他也就没必要给我了吧。这老头儿，到了紧要关头算是开了一下窍。

“甭管有没有用，反正身上也没有别的东西，试试也好。”老头儿拿着便函就奔往当地的衙门，让衙差帮忙把便函递给地方的长官。那长官打开一看，哎哟，不得了，这是当朝宰相元载的亲笔签名啊，千万怠慢不得！于是，地方长官整理好官服，马上走出来将老头儿迎了进去，好酒好肉招待着他，那热情，就是自己的亲生儿女都难以做到。老头儿震惊了，才知道这张不起眼的小便函，竟然能发挥这么神奇的力量。在他吃饱喝足要继续上路的时候，长官又亲自送他出了城门，并且赠予他绸缎1000匹。不用说，这都是上等绸缎，因为长官并不知道这老头儿到底是元载什么人，只能好生伺候着，不然万一元载怪罪下来，就吃不了兜着走了。老头儿虽然变卖了家产赴京求官位不得，但此时获得1000匹上等绸缎，他还是赚了。

虽然这只是一个小故事，但是这也从侧面说明，元载当时权势极大，几乎覆盖了当时大唐的每个角落。而这，也成为了元载腐败的一大罪证。

不过，邪不压正，即使势力再大，常在河边走，哪有不湿鞋。从古至今，就没有一位腐败的高级官员逃得过律法的制裁。每个人倒台的导火线都不尽相同，但是根本都还在于其贪污腐败。元载不仅自己贪污，还带动了自己身边的亲属贪污，包括他的老婆，以及三个儿子。特别是他的三个儿子，算是栽在了元载身上。因为他们从小耳濡目染父母及其他长辈的贪污腐败行为，很快也就变成和元载一样的人。更奇特的是，元载不仅教会了儿子贪赃枉法，还教会他们不知廉耻。他们父子四人有一个令人作呕的癖好，就是每天在家里共同观看优伶们非常低俗的色情演出，而且还要互相探讨点评。这样下流的事情，已经不足以用骄奢淫逸去形容了。

面对这样腐败无度的行为，代宗早就收到了不知多少官员的控诉了。

之前代宗一直都替元载扛下来，但是元载不知好歹，根本没有一点收手的迹象，如果他作为一国之君再不出手整治的话，那么叛乱的再次重演是极有可能的。君如舟，民如水，水可载舟亦可覆舟，当民愤聚积到不可协调的时候，就会发生暴乱。代宗不想迎接那一天，于是在公元777年三月的某一天，果断下令，将元载及其家人，包括他的彪悍的妻子王氏和三个已经人格扭曲的儿子，以及其他涉嫌贪污腐败的亲属、党羽全都抓了起来。其中，罪魁祸首元载，以及最大的罪犯王氏、元载的三个儿子，全都被处死。

这一天，万人空巷，百姓奔走相告，很多人因此热泪盈眶，但不是为元载被杀而难过，他们流下的是开心的泪。元载的贪腐，早已经严重影响到朝廷的运作，给天下百姓带来了灾难。他的奢侈挥霍，是建立在压榨普通百姓的血汗的基础上的。

不过，元载被诛，最开心的还不是老百姓们，而是代宗。历史上巨贪不少，如明朝的严嵩、清朝的和珅等人，每一个都是贪得无厌、富可敌国的人，但是他们再怎么贪，对自己的主子，也就是皇上还是心存敬畏的。可是元载不同，他很骄傲，完全不把代宗放在眼里。这自然与代宗以前就形成的风气相关，但更关键的是代宗的软弱和元载的势力盖过了代宗。因此，当最后终于找到了一个机会将元载铲除，代宗高兴坏了。一方面他解除了在军政大权上的危机，将军政大权重新收归自己的手中，另一方面，他也可以从元载那里取回数不胜数的钱财宝物，这些钱财充公，可以帮助他更好地治理国家。

代宗和当时的人们肯定知道元载贪污的金银财物会多得数不清，但是多到怎样的程度，却没有人能想象得到。直到将元载所有的房产进行抄家清算的时候，人们才真的无比震惊。那是一种怎样壮观的场面，一条长安街来来往往的都是搬运抄出来的贵重物品的官差，不知道的还以为是遇上什么盛大节日呢！就是那些往来于皇宫与元载豪宅传递信息的小太监，都累倒了一批又一批。从他家里抄出来的各种奇珍异宝，有很多连皇宫都没有，足以见元载的搜刮能力之强大，以及求他办事的人之多、之广杂。不过，最令人感到不可思议的，恐怕还是那800石胡椒。

是的，你没有看错，从元载家中抄出了800石的胡椒。800石是什么概念？800石换算过来接近64吨，如果是用那种标准的运输集装箱来装的话，要装3个以上的集装箱。光想想就很吓人。我们再来细算一下，市面上卖的家用瓶装胡椒一般都只有几十克。我们暂且算它50克，根据一般三四口之家的用量，这50克就足够一个家庭用一两个月了。这样算下来，一个家庭一年顶多也就用那么500克左右，即1斤。而且这还是食用频率很高的了。现在就可做这样一道算术题，1吨等于2000斤，64吨就是12万8千斤，那么元载收受的胡椒就足够近13万个家庭约50万人一年食用。现在中国很多县城总人口不过十几二十万人，这些胡椒就足够一个县的人口食用好几年。

这么大一个量，元载要来干什么用呢？很明显，他根本不是用来食用的，就只是堆积在那里。因为在唐朝的时候，中原不产胡椒（“胡”字就说了这种调味品来自西域），物以稀为贵，胡椒要经过几千千米的路途，经过很长的时间才能运输到长安，这就显得格外珍贵了。元载之所以要收藏这么多胡椒，就是看到它的珍贵，只要是珍贵的东西，都能引起元载的贪念。因为贪念，他的心智被蒙蔽了，凡是可以贪污的，他都不放过。而正是这种按捺不住的占有欲，产生了元载这样腐败的人和荒唐的事情。当然，也因为这样的腐败无度，元载最终落得应有的下场，不仅自己伏法，还殃及了一家子都跟着他到黄泉之下再次团聚。

# 第十章　唐宪宗:毁于腐败的元和中兴

李纯(778—820),本名李淳,立为太子后,改名李纯。曾被封为广陵郡王。李纯即位后,励精图治,重用贤良,改革弊政,勤勉政事,力图中兴,取得元和削藩的巨大成果,成就了一段“元和中兴”时期。然而李纯在取得了一些成就以后,就骄傲自大,竟走上了信仙好佛之路,想求长生不老之药。元和十五年(820),李纯于大明宫的中和殿驾崩。

## 第一节　我是第三天子

我们先来再次理顺一下,唐朝发展到唐玄宗这里,就开始产生了巨大的转折。唐玄宗前期励精图治,开元盛世名留千载;但是唐玄宗后期,却因为骄奢腐败,发生了安史之乱,大唐因此发生剧变。这种剧变主要有三个方面:一是外戚干政,杨国忠是最大的例子;二是宦官专权,唐肃宗时期的李辅国之后,宦官专权没有减弱过,反而到了最后成为政治舞台的主角;三是君王普遍魄力不足,这主要是在前两者交加的情况下积累而来的,以至于到了后面即便君王有心,也回天乏术。

唐代宗之后的26年间,又经历了唐德宗、唐顺宗(顺宗只做了8个月的皇帝)两任帝王。在这26年间,以泾师之变为分水岭,前期政治比较清明,唐德宗对于宦官管理严格,禁止他们干政,但是因为兵变之后他原本信任的很多文武百官都背叛了他,反而是身边的宦官对他比较忠心,这就让他在执政后期更信任宦官，将大权交给宦官，从而又恢复了此前宦官横行的不良风气。

所谓泾师之变其实就是藩镇势力的造反，时间发生在建中四年（783），那时候本章传主唐宪宗李纯才五六岁，小小年纪就跟着他的祖父唐德宗逃亡。泾师之变其实可以说是安史之乱的后遗症，因为安史之乱以后就形成了藩镇割据的局面（为了平定叛乱，朝廷派遣大量节度使到各镇镇守）。这种做法明显让大唐陷入了不断的危机之中，泾师之变就是藩镇想再次推翻大唐统治的一次举动。而在这次兵变之后，君王更加无力与之坚决抵抗，只好再次妥协，息事宁人，放任藩镇的存在。

这场兵变的导火线在于建中二年（781）河北成德镇节度使这个职位的继承问题。当时的节度使李宝臣病死了，他的儿子李惟岳就想按照一贯的做法子承父位，但是唐德宗却不愿意。他早就想对这种藩镇割据、官位世袭的做法进行改革，于是就坚决不同意让李惟岳继承该节度使的职位。唐德宗本来以为这样做问题不大，但没有想到李惟岳还没有激烈反抗，其他各地节度使却不干了，因为唐德宗动了他们世代沿袭的这块大奶酪。于是乎，魏博节度使田悦、淄青节度使李正己、山南节度使梁崇义等人听闻新政后，马上联合起来，找到了李惟岳，几个人商议要造反。不过，唐德宗也不是好欺负的主，你造反我就灭了你。确实，唐德宗很高明地用藩镇来对付藩镇，将这几家造反派几乎消灭殆尽。但是聪明反被聪明误，毕竟藩镇之间的根本利益是相同的，其他几个藩镇的势力被消灭了，那么帮助唐德宗攻打他们的这些藩镇到最后肯定会被唐德宗过河拆桥，一并削弱。想到这些，以幽州节度留后朱滔为主的这些藩镇就闹情绪了，与他们要攻打的藩镇势力化敌为友，各自称王，拥兵自重一方。由此，唐德宗功亏一篑，眼看就要消灭叛军，没有想到反而又节外生枝生出了四镇称王，他们分别是冀王朱滔、赵王（原成德王）武俊、齐王（淄青）李纳、魏王（魏博）田悦。四王联合起来抵抗朝廷。没办法，唐德宗只好派泾原兵马去围剿他们。这一年是建中四年（783），泾原兵马在经过京城长安的时候，因为对唐德宗的赏赐和军中伙食非常不满，忽然就发生了兵变。他们冲进了皇宫，把文武百官吓得四处溃散,唐德宗也在惊慌之中被宦官霍仙鸣、窦文场两人拥护着逃离了长安。在这件突发的事情之后,唐德宗感到非常伤心,如果没有这两位宦官,他可能就丧命于兵变之中了。他感到寒心,那些他平时宠信的文武百官,在紧要关头却只顾着自己逃命,全然没有了他这个君主。因此,在不久平定了长安乱军之后,唐德宗返回长安就开始重用宦官,让他们执掌大权。

这时候,李纯还只是一个六七岁的孩童。一天,他在唐德宗面前玩耍,唐德宗见孙子这么可爱,就故意逗他说:“哎呀,这是哪一家的孩子呀,怎么会跑到我的怀里来了呢?”

“我是第三天子!”李纯脱口而出。

唐德宗一听,惊诧不已。他从来没有听说过天子还有排名的,而且也没有人跟李纯说过他将来是要继承皇位的。但是细细想想,孙子说得没有错啊,他作为李纯的爷爷,是当今天子,将来天子之位要传给李纯的父亲李诵,李诵将来又要将皇位传给李纯,李纯不是第三天子是什么!虽然这样的提法前所未有,但却不能说是荒谬,反而合情合理。只不过,唐德宗没有想到孙子小小年纪就有了当皇帝的想法,心里非常高兴。过了几年,唐德宗就将李纯封为广陵郡王。那一年,李纯才 11 岁的光景。

可见,李纯从小就聪颖过人。而且难能可贵的是,在小小年纪经历了政治和军事动乱之后,他非但没有畏难,反而知难而进,可以看出他从小就有振兴朝政的思想萌芽。

贞元二十一年(805),这一年非常特殊,因为这是一朝三代天子地位交接的年份。这一年的农历正月末,唐德宗就病逝,传位于他的儿子李诵。而这一年八月,李诵就将皇位禅让给了李纯,李纯即位,是为唐宪宗。至于李诵为什么会这么着急将还没有坐热的皇位传给李纯,历来说法不一,难以深究。但无疑,这位第三天子、当时的唐宪宗执政之后,确实为唐朝带来了很不一样的政治氛围。

## 第二节　励精图治坚决削藩

唐宪宗是个很有抱负的皇帝,从小经历的政变让他养成了坚韧的性格，并且对藩镇割据的危害、朝廷腐败积弊等都有了切身的体会。为此，他即位之前，就已经在思考削藩的事情，即位之后做的第一件大事，也就是削藩。

唐宪宗第一个要讨伐的是西川节度使刘辟，派出的大将是长武城使高崇文。唐宪宗封其为左神策行营节度使（又是节度使），让他率领5000步骑兵打头阵。同时，唐宪宗还派出了其他几位节度使辅助高崇文。唐宪宗这样安排，是看重高崇文的兵力强于其他几位节度使，因为他的士兵全都是百经磨炼的边防兵，实力非常强大。刘辟不敢主动与高崇文硬碰硬，于是先去攻打实力最弱的镇守梓州的李康部，结果被他一举攻陷。然而，该来的还是要面对，刘辟拿下梓州没有多久，高崇文部队就赶到，并很快将梓州收复，随后一路逼退刘辟，收复了此前被刘辟占据的多处失地，并很快在成都俘虏了刘辟，将他捉拿回京。唐宪宗上任的第一仗就打得这么漂亮，心里自然非常高兴。在刘辟等叛军伏法之后，唐宪宗大封这次讨伐有功的将领，高崇文获得渤海郡王的爵位，并且被封为剑南西川节度副使，知节度事。其他一些将领都获得相应封赏。

这事情之后，藩镇就安静了一段时间。新官上任三把火，各地藩镇确实被唐宪宗的第一把火给暂时镇住了，许多藩镇都表达了对朝廷的忠心，纷纷来京拜见唐宪宗。唯独镇海节度使李琦，朝廷向他发出了好几次要求，他每次都说自己生病不能前往。

“陛下，李琦如此藐视朝廷，肯定有二心。臣建议要采取措施严惩不贷。”时任门下侍郎、翰林学士的武元衡提议道。

“爱卿说得对，不能继续放任他们视朝廷指令于不顾。”

武元衡的判断没错，还没等唐宪宗完全想好对策去严惩李琦，他就已经起兵造反了，并将皇帝派去监督、分化他权力的节度留后王澹、大将赵琦等人杀死。唐宪宗大怒，果断削除李琦爵位及其属籍，并迅速发兵讨伐。兵分几路，唐宪宗分别派兵进攻宣州、信州、杭州。面对如此强大的进攻，李琦哪里有什么胜算，不过几天时间，这出闹剧就随着李琦被活捉而结束。对于其他造反的藩镇守将，唐宪宗丝毫不手软，也将他们和主要的案犯一起处死了。

难能可贵的是，不管是第一次还是这一次讨伐造反的藩镇势力，在最后，唐宪宗都没有忘记对当地百姓进行招抚，比如这一次，就将没收到的李琦的所有财产以浙西百姓租赋的名义入库。意思是说，未来一年浙西百姓不用交租赋了，因为李琦拥兵自重一方，他的财产几乎都是搜刮当地百姓所得的，现在将财产充公，当作是百姓未来一年的租赋。当地百姓无不山呼万岁。

至此，淮海地区也暂时恢复了宁静。全国其他各地也都感受到了这位新君主的第二把火，放收自如，非常干净利落，毫不拖泥带水，而且神速，用人的眼光很准，将朝廷和百姓的损失降到了最低。因此，很多原本蠢蠢欲动的藩镇也只能沉住气，观察一段时间再说。这样一来，也给唐宪宗提供了时间处理国家的日常事务，以及进行一些改革，为元和中兴的出现提供了时机。

就这样，元和二年(807)十月到元和五年(810)十月，这三年间几乎没有什么动乱。但是经过了三年，一些藩镇终于还是忍不住，要出来再试探一下唐宪宗，看他是不是真的那么耐打。这第三次出来挑事的，是义武军都虞候杨伯玉。不过，和前两位一样，这位都虞候刚发起号召没多久，其内部就有人出来争权，将其杀害。这人就是张佐元。更富戏剧性的是，他杀害了都虞候后，头把交椅都还没坐稳，就被他放出来的任迪简(行军司马，一直不同意造反，此前被都虞候关了起来)给杀了。

"将士们，跟朝廷作对就是鸡蛋碰石头，只会招来祸害，不会给大家带来什么好处。大家都是混口饭吃，我劝诸位还是归顺朝廷，别做无谓的事情啊!"任迪简将张佐元的头颅割下来，率领众将士归顺了朝廷。这场闹剧就这样不用朝廷兵力，自行解决了。为了对任迪简进行表彰，唐宪宗命他担任检校工部尚书、义武军节度观察等职务，让他继续镇守义武，保一方平安和发展。对于那些被迫起义的士兵，唐宪宗也不予追究，而是鼓励他们戴罪立功，不要给当地百姓添麻烦。

三次藩镇造反，都被唐宪宗迅速、完美地解决了，可见唐宪宗的果断与执政能力，以及削减藩镇势力的决心。而唐宪宗之所以在将造反的节度使诛杀之后还要新封节度使，是因现实情况而定的。带头闹事的大哥是诛杀了，但是当地的那些将士们如何处置？本来他们就对朝廷有所不满，此时如果一股脑儿将他们打发走，让他们没有饭吃，那肯定会引起他们的再次暴动。倒不如，依旧按照原来的方式对他们加强管理，同时虽然设置新的节度使，不过在权力上有所削弱，加强了中央对他们的管控。这样一来，既解决了动乱，又安抚了军心和民心。而且，天高皇帝远，如果各地没有军队把守，它们在地理上又靠近边疆，就很容易被外族入侵。既要保证军权的收拢和集中，又要做好边疆的安防，以及对藩镇的维稳，能够同时做到这几点，也只有这样做了。况且，唐宪宗安排的那些新的军政长官，都是相对忠实的。

唐朝藩镇割据是一个很大的问题，但是比起安史之乱，前面三位的造反简直就是小打小闹。安禄山号称拥有 20 万兵力，并且势力分布极广，安禄山又善于收买部下的人心，更将皇帝哄得一愣一愣的，这就是他能够发动起全国性战争的几方面原因。上面三位，完全就是没有做好准备，而且实力太弱，不懂得团结一致，特别是最后一位，内部都没有协调好，就贸贸然作出造反决定，结果只能未出师而身先死。当然，这不是鼓动藩镇造反，只能事后分析来说，他们与朝廷相比，实力悬殊，因而唐宪宗摆平他们也是轻而易举的事情。但是下面这一位，却让唐宪宗有些头痛了。

元和六年(811)底，占据现在华中往西南一带(即如今的湖南、重庆一带)的溆州瑶族酋长张伯靖也跳了出来，公然自立，并且联合了当地九大少数民族的洞主，打出了地方自治的旗号。因为西南方一直往边疆去的一大片区域，少数民族特别多，按照现在的少数民族定义，几乎全国的少数民族在这一带都有。而各族之间文化差异又比较大，朝廷确实很难对他们进行统一有效的管理。加上地理位置偏远，当地官员剥削严重，因此当张伯靖起兵之后，很多地方少数民族首领附和，很快他们以湘黔一带为根据地一直南下，将现在的湖南、湖北、重庆、广西、四川等一大片地区都占据了，规模之大，远远超过了前三次藩镇的造反。

唐宪宗紧急调兵，让上述州府各地官兵联合围剿，但是不见成效。因为和前三次不同，这一次他们势力庞大，团结一致，一年半载，朝廷方面的部队很难拿下他们。这战事一直持续了两年时间，还是不能平定，于是有人就建议唐宪宗，不如招安那些少数民族的统领吧，毕竟他们不是真心想造反，不过是受不了当地贪官污吏的贪污腐败，被逼无奈而已。

"有道理，那严爱卿，朕就辛苦你去跑一趟，务必将朕的意思都跟他们说清楚，只要他们肯招安，朕可以既往不咎，而且答应严办那批盘剥百姓血汗的贪官污吏。"

唐宪宗让严绶（唐朝名臣，对朝廷多有功勋）处理此事。严绶并非武将，也不是好战者，因此他才提出招安的主意。可以说，他在军事上是一个比较保守的人，不追求战功，只希望大家能相安无事，让百姓安居乐业。为此，他一方面做好讨伐张伯靖的准备；另一方面写好了招安的信件，让自己的部下快马加鞭给九洞洞主送去。严绶言辞恳切，一切出发点都是为了当地黎民百姓，并且明确告诉他们，只要招安，就不追究他们的过失，依然让他们率领自己的族人正常生活，而且将皇上要严加整顿当地吏治的承诺也详细说明，这九洞洞主看了很是动情，心中都有了接受招安的想法。于是，他们来到张伯靖住处，跟他商讨，希望他也能够以大义为重，归顺朝廷。张伯靖虽然跟朝廷对抗了两年没有被消灭，但是也知道自己的实力绝对没有朝廷的大，因此也同意和好。就这样，历时两年，少数民族地区发动的战乱被平定了下来，而严绶因此领得头功，被唐宪宗封为郑国公。

剑南西川、镇海、义武、湘黔，四次藩镇叛乱都被唐宪宗一一解决掉，朝廷内外都对这个年轻有为的君主感到敬佩。唐宪宗自己也感到高兴，不过，他明白，这不过是刚开始而已，全国这么多个藩镇，造反必然会此起彼伏，不可掉以轻心。而且，怎样更好地处理藩镇节度使子承父位这种现状，同时又能够不引起他们的暴乱，这才是重点。即位几年，唐宪宗还是没有在这个方面找到更好的办法。

元和七年（812），又一处藩镇要惹事了。这次是河北道魏博（现在的河北一带），当地的节度使田季安去世了，当地就按照以往的惯例让他的儿子田怀谏继承父位，主持当地军务。但是田怀谏此时才 11 岁啊，哪里有什么能力去主持军务，实际的权力都旁落到他的府中管家蒋士则这些人的手中。这必然会让一些人不满意，特别是那些跟随了田季安很久的心腹部将。而且，这个蒋士则掌权之后喜怒无常，滥用职权，这才是引起将士们不满的重要根源。

值此之际，该如何解决这个棘手的问题呢？唐宪宗召集了一干重臣进行议论，其中就包括当时的宰相李吉甫、李绛等人。

“朕的意思是，直接派人过去接管，比如现任的左龙武大将军薛平，可以让他去做郑滑节度使，将魏博这个地方治理起来，不知道各位爱卿有什么高见？”唐宪宗做事比较果决，但同时又能够虚心听谏，因此他抛出自己的想法后就认真听从宰相、大臣们的看法。

李吉甫比唐宪宗还要激动，他一上来就说要派兵讨伐那个11岁的毛头小子。11岁，说得难听一点都还没怎么开始发育，这样一个人，要动用朝廷的力量去讨伐，说出去岂不是笑话？而且，真正发号施令的并不是他，而是他的家奴蒋士则。

“不可，不可，臣以为不宜对其动兵，按照臣的观察，可以不战而屈人之兵。”同为宰相的李绛摇摇头。

“爱卿有何计谋，尽管说来！”唐宪宗非常感兴趣。

“首先，现在的形势对田氏不利。因为如今河北道的许多藩镇的兵力并不全部集中在一个人手中，而是各个将领掌握其中一部分，他们之间相互牵制，同时又不能相互消灭，以此取得平衡。魏博州县较多，将领不少，因此分权必然也比较厉害。这权利分给各将领，他们必然有着自己的想法，很难将全部利益统一起来，所以，如果他们发兵，更大的可能是各自为营。这种情况下，我们根本不用怕，他们的力量分散开来就会显得弱小，我们更好将他们逐一击破。其二，现在魏博的大权不在田怀谏的手中，而是在他的家奴手中。他的家奴没有统兵执政经验，必然会对各将领有所偏厚，这就必然引起其中一些将领的不满，到时候惹急了，田氏必然会受到他们的威胁，甚至是屠杀。在这种情况下，只有朝廷才能解救他们，如果他们不依靠朝廷，只能自寻死路。这第三点，综合前面两点，田氏现在面临的困境很快就会凸现出来，我们只管静观其变，做好充足准备，按兵不动，快则一两个月，慢则数月，田氏必定会向朝廷求助。因此，陛下，臣的建议是做足准备，以备所需。”

李绛的一番精彩推论让唐宪宗佩服不已，当即决定就按照他的建议去部署。

话分两头，我们再回到事故现场。这边蒋士则果然挑起了众将士的不满，而田怀谏年纪又小，没办法统领军务，此时军中气氛有些紧张。这时候，有一个叫作田兴的将领，颇有一些头脑，他看到数千名将士都有些焦躁，就提出两点要求，一是不要急躁，不要对田怀谏（自动任命官职为副大使）图谋不轨，毕竟他是无辜的；二是耐心等待，派人赶快去京城汇报情况，让朝廷委任新的长官下来。

“大家都能够按照我说的去做吗？”

“能，都听您的！”有人牵头部署，将士们心中就安定了些许。

田兴看到大局已经稳定下来，就秘密杀死了总是挑事的蒋士则等人，然后又为了防备军中大乱，将田怀谏秘密安排到其他安全的地方去，等局势安定下来再将他接回来。

魏博这边的情况很快就被朝廷知道了，唐宪宗再一次夸奖李绛料事如神。为了尽快安抚魏博将士，唐宪宗很快就将委任田兴为魏博节度使的命令传达到魏博，当地将士，包括田兴无不欢呼感恩。

不费一兵一卒，还让藩镇将士感激朝廷，唐宪宗削藩的作为实在是一次比一次漂亮。见削藩初见成效，唐宪宗心里不由得乐开了花。但此时李绛又有话说了。

“陛下，恕臣直言，魏博这事还没有了结。”

“爱卿何出此言？”

“据臣了解，魏博已经有五六十年的时间没有感受到浩荡的皇恩了。现在他们愿意全部归顺朝廷，这是可喜可贺的事情。但是如果陛下对他们没有进行恰当的安抚，让他们感觉到宽慰，恐怕日后还会出事。因此臣建议，可以从国库里边取出150万贯钱赐给魏博。这样做有几个好处：一是能够满足他们的需求,让他们感受到朝廷对他们的关爱;二是能够让其他藩镇看看,归顺朝廷将会有什么好处;三是可以增加魏博将士对朝廷的忠心;四是还能促进当地的发展,提高他们的生活水平。"

"这恐怕不行吧,这可不是一笔小数目,如果其他藩镇都效仿前来要钱,哪里有那么多钱给得出去呢?"唐宪宗信赖的宦官第一个出来反对。

"这位公公说的话也有道理,但是从长远和总体考虑,这150万贯钱是非常值得的。国库的钱财不是只会支出而没有收入的,但是现在这个机会却是一旦失去就没有了,再想挽回他们的心,那就要付出更多。大家想一下,田兴为什么不拥兵自重而选择归顺朝廷?他有这个能力,但他不这么做,这其中固然有实力上最终抵挡不了朝廷的原因,也有他对朝廷的忠诚,对百姓的关爱之心。这就说明,他在当地有着很高的声望,他可以很好地治理魏博。给这笔钱,眼前看是一笔巨款,但实际上魏博将士众多,地方广大,单是州的区分就有六个,分下去也必然不多。再退一万步来说,这笔钱不出,将来他们造反,那么朝廷要组织兵力平定叛乱,那笔钱恐怕远远不止150万贯吧?"

唐宪宗再次为李绛的言论鼓掌,分析得有理有据,而且站得高,看得远,不愧为一朝宰相,有此巨大胸襟。

"就按李爱卿所言,重重赏赐魏博150万贯,以示朝廷的恩宠和关怀!"说到做到,这笔钱很快就下达到魏博,将士们欢声雷动,个个都热泪盈眶,纷纷说道多亏了听从田兴的话,也对朝廷打心眼里服气。

## 第三节　昙花一现的元和中兴

可以说,唐宪宗是中晚唐皇帝的一个亮点。特别是持续地平定叛乱、削藩,扶持各地的发展,增加军民对朝廷的拥护,让大唐有种回光返照的感觉,似乎回到了唐太宗贞观之治、唐玄宗开元之治的时期。因此,史学上称之为"元和中兴",所谓中兴,就是中途振兴。这里不用"之治"一词,说明元和中兴实际上还不能跟前两者相比,不过这也是唐朝中期值得一书的政绩。

然而，削藩是一件长期任务，一直到唐宪宗去世，他都在不断平定叛乱和削藩。元和八年(813)之后，藩镇并没有完全归顺朝廷，仍然有不少人想投机取巧，希望能够凭借运气在一方自立，做他的小皇帝。这其中，以淮西吴元济和平卢淄青李师道最为猖獗。唐宪宗先后对他们用兵，时间总共长达6年，战事非常残酷。

元和九年(814)，淮西吴元济率先起事。淮西原节度使吴少阳病死了，他的儿子吴元济为了能够做一方霸主，对父亲的死讯秘而不发，暗中却部署着抵抗朝廷的安排。他知道，唐宪宗即位这八九年来，是铁了心要重新将各藩镇的权力收归朝廷，必然会派兵前来招安。

确实如此，唐宪宗早就想把淮西地区的权力收回来了。他主张尽快用兵，于是就再次命令严绶去平定淮西。上次平定了湘黔张伯靖，唐宪宗对他很有信心。但是这次唐宪宗错了，淮西不同于湘黔，吴元济也不是张伯靖，严绶更不是他想象中的严绶。因为湘黔张伯靖等造反是受不了当地官员剥削，但吴元济却心存野心要自立，而严绶是一个只求无过不求有功之人，上次解决湘黔一事是天时地利人和的结果。现在不同了，吴元济是一个强敌，严绶并没有什么作战经验和战略，他被吴元济打得屁滚尿流，连连战败，以至于唐宪宗不得不去寻找一些强藩帮忙。当然，自从唐代宗年间很多藩镇就已经各自为政，10年以上不与朝廷往来的不在少数。现在唐宪宗请求他们帮忙，哪有藩镇愿意真正出力，最终还是朝廷在苦苦斗争。

与此同时，激烈的战况让吴元济这边也开始有些吃不消，他也同样求救于一些强藩。这时候，受到吴元济求助的李师道上书请求朝廷能够饶了吴元济，但是唐宪宗无论如何不答应。这个狡猾的李师道就暗中帮助吴元济，在战场上扰乱朝廷对吴元济的作战，私下里则派刺客刺伤朝廷的要员，意图恐吓唐宪宗，逼其停止讨伐。李师道先是派强盗去河阳转运院烧杀抢掠，制造恐怖气氛，接着又对宰相武元衡、裴度等人下毒手，武元衡不幸遇难，裴度命大，虽然伤到头部但是没有致命。这下子，大臣们都诚惶诚恐，早上再也不敢就着晨曦的点点星光上早朝，非到太阳出来了，大街上有人了，大臣们才敢上朝。最严重的时候，唐宪宗一个人傻傻地在大殿上等大臣们来,等到太阳照进大殿很久,才等到大臣们面色惶恐地走进来。

原来,以前朝廷大臣并不好当,不像地方官可以多睡一会儿。他们往往半夜三更就要起床,穿好衣服,在黑夜中或走路或坐轿子,经过好长一段时间才能到达皇宫门外,然后在指定的地点(一般在午门)按照官阶排好队,等着宫门打开,进殿汇报工作。别说迟到,就是在排队等候进殿的过程中,如果发生了大声咳嗽这样的事情,都会被记录在案,作为年终考核的指标。可见,古时候京官其实并不好当。尤其现在刺杀宰相的事情发生后,大家都顾不上什么业绩考核了,保命重要啊,宁愿被扣薪俸,被皇帝批评,也不敢在太阳出来前上朝。唐宪宗很无奈,也很气愤,只能派禁军卫士保护各位大臣上朝。

很多大臣被吓怕了,纷纷请求唐宪宗停止讨伐,但是唐宪宗坚决不肯。大臣们私下里认为唐宪宗在赌气,但只有唐宪宗和一些有远见的大臣才知道,这不是赌气,而是赌上了整个大唐、朝廷的未来。

作为一国之君,就要对国家的现在、未来负责。担子越重,责任越大,自然要承受的就越多。大臣们说白了是打一份工,可以为了自己生命安全考虑而提出和解的建议,但是居其位,谋其政,君王不能退缩。一旦这次妥协了,那么前面所作的几次努力白费不说,后面还有更多的藩镇闹独立,这样岂不是给他们传递了一个信息,朝廷无能,藩镇个个都可以拥兵自重,自立为王了?如果真的这样,到头来苦的终究是天下苍生。

因此,唐宪宗知道这次只能进不能退,再难也要想办法撑下去。为此,唐宪宗极力拉拢强藩之一的韩弘,将他加封为淮西行营兵马都统,最终促使其出兵,于元和十一年(816)在郾城力挫吴元济。随后,朝廷这边的李光颜、李愬等都相继大败吴元济的部队,杀敌过万,俘虏其一些重要将领,缴获军械、马匹数万,取得了一定的成绩。但是吴元济还是拼命抵抗,这又拖长了战线。此时,朝廷军饷已经有点不堪重负了。特别是蔡州固若金汤,将领们各种办法都试过了,历时四年都没有办法攻破。朝臣讲和的声音又大了起来。

"陛下,千万不能讲和,一定要将逆贼抓获,臣愿意督军!"这时候,一个特别的声音让大臣们无地自容,这人就是宰相裴度。裴度虽然也是文官,但是和严绶不同,裴度治军很有一套,去到前线后整顿军纪,然后修筑前线工事,并且善于分析和谋划。当他到工事视察的时候,吴元济就派兵前去偷袭,没想到反而被歼灭了。

真是偷鸡不成蚀把米,一物降一物,裴度就是吴元济的克星。四年没有攻下的蔡州,最终被裴度出奇招拿下来了。当时正值大雪纷飞,天寒地冻,气候之恶劣,正常人根本不敢在外边走动。但是裴度却看到了机会,马上安排军队趁着暴风雪日夜兼程来到蔡州。当时,吴元济哪里会想到裴度会在这个时候来袭,因此当兵临城下的时候,他非常惊愕,惊慌之中召集将士应敌。但是惊慌之兵怎敌神勇之师,一会儿工夫蔡州城门就被攻破,大军涌进,吴元济苦苦哀求请降。

"不准降,大家冲啊,活捉吴元济大大有赏!"

顽强抵抗数年之久的吴元济终于被俘虏了,押送到京城长安斩首示众。割据自立于朝廷之外30年之久的淮西终于重新回到大唐的怀抱。为了安抚军民,尽管这几年朝廷已经为平定叛乱花费巨资,但是唐宪宗依然决定免除淮西各地一到两年的赋税,并且将阵亡的将士好生安葬,每一户阵亡将士的家属都获得五年的粮食慰问。

可以说,淮西一仗是唐宪宗即位以来削藩打得最艰辛的一仗。许多藩镇也对这一仗密切关注。淮西平定之后,那些原本寄希望于吴元济的藩镇势力都害怕了,纷纷请降。就连李师道也被震慑住了,马上派自己的儿子到朝廷拜见唐宪宗,说愿意奉上三座城,请求归顺。唐宪宗要的就是这种效果,自然应允了。可是当唐宪宗派出的使者到达郓州向李师道宣慰的时候,李师道却翻脸不认账,反悔了,不愿意献城,不愿意归顺。

你不降,我就打到你投降为止!唐宪宗自从淮西一战之后,信心大增。况且,现在过半以上的藩镇都降服了,李师道实力不弱,他不降服,对整个局势会有很大的影响。因此,这一次唐宪宗同样大兴兵力集中讨伐李师道,之前降服的藩镇大都出兵以助,包括在攻打吴元济时极力拉拢的韩弘,此时也顺势归顺,愿意再次出兵,共同讨伐李师道。在唐宪宗的大部署下,多支军队全力围剿，各自作战又相互配合，终于用时半年左右，在元和十四年(819)春，就将李师道大军击溃。而李师道本人及其两个儿子，被李师道的部下淄青都知兵马使刘悟割下首级，献给了朝廷。终于，李师道大军一败，淄青及其所属的12个州全都回到了大唐的怀抱中。

李师道的溃败、淄青的回归，让其他大小藩镇十分震惊，再也不敢强行出头，纷纷来朝请求归顺。至此，历时14年之久的削藩大战宣告成功。藩镇割据的情况得到了极大的改善，各地也在唐宪宗的统治下呈现出一番和谐发展的景象。这就是史称的“元和中兴”。唐宪宗之所以能取得这样的成绩，除了他本人坚韧的削藩意志和治国才能之外，更重要的还有他的用人方针。和他的几个先辈不同，唐宪宗任人唯贤，比如宰相李吉甫、黄裳、李绛、武元衡、裴度等，都是唐朝有名的大臣，他们对于削藩都贡献出极大的力量，每一个都是智勇双全的人物。他们有一个共同的特点，就是反对宦官干政、坚决削藩，他们围绕在唐宪宗身边，督促唐宪宗不断前进。此外，还有我们很熟悉的白居易(时任翰林学士)、韩愈(时任刑部侍郎)，都是唐宪宗时期的名臣，他们同样在国家建设中出力不少。正是因为聚集了这样一大批优秀、正直的国家栋梁，才有了元和中兴这样一种局面。

不过话说回来，元和中兴也只是昙花一现而已。因为中兴的基础是建立在削藩之上，而削藩以武力削藩为主，许多藩镇势力是惧怕朝廷的武力不得已而归顺。在唐宪宗死后，这些藩镇一旦察觉到机会，就会重新割据。还有一个很重要的问题是，虽然唐宪宗承诺改善地方的吏治，然而多年来却没有多少成效。

第一是因为唐宪宗的主要精力都在武力削藩上面，这就使得地方的贪官污吏有机可乘。朝廷要求不能盘剥，到了地方官吏这里却变着法子加收税赋。税赋是地方政府开支的重要来源，也是朝廷开支的重要来源，地方官员不会对此轻易妥协的。第二就是多年讨伐，军费哪里来？靠以前国库留下来的钱财根本入不敷出，因此军费最终还是要从税赋这里来。一方面朝廷要求地方削减税赋征收，但是一方面又要增加他们的税赋进贡，这不是自相矛盾吗？少收入，多支出，这很难维持长治久安，因此唐宪宗对于赋税问题很多时候也只能睁只眼闭只眼。因为当时最大的问题，还在于赶快将藩镇收归朝廷，结束征讨。第三，还是跟征讨有关，连年征讨，战火所及，民众流离失所，难民增加，农田荒废，国家的根本问题（农业时代，农耕是国家根基）没有得到有效的解决，也就很难真正出现兴盛。

因此，元和中兴更大意义只是表明了在政治层面的国家主权统一，而经济、民生等问题，还是没有得到太大的改善。这就是为什么元和中兴并没有取得贞观之治、开元盛世的成效的原因。当然，经过这十几年的巨大努力，唐宪宗最大的贡献是为后期百余年大唐岁月奠定了一个基础，除了唐昭宗时期藩镇割据已成尾大不掉之势，其余时期整个大唐的地方局势还是相对比较稳定的。

## 第四节　信道好佛命丧宦官屠刀

上面讲到过为什么唐宪宗统治下出现的元和中兴不能取得更大的成绩，其实还有一点就是，唐宪宗本人取得了一些成就以后在中后期开始骄傲了，一边削藩，一边对自己放松要求，不去寻求国家发展的良计，而是寻求什么长生的方法。在古代，帝王寻求长生不是什么新鲜事，例如秦始皇就曾派人远赴海外去寻求长生不老药。但是有一个很矛盾而有趣的现象就是，几乎所有迷信于长生不老的皇帝，反而更加短寿。有人做过统计，这些寻求长生的皇帝，他们的平均年龄才30岁左右，真是令人唏嘘。

为什么会出现这种情况呢？其实很大一部分原因在于丹药。所谓的丹药其实就是一些重金属含量很高、含毒性的矿物质。经常吃这些含毒性的东西，能长生吗？可是中国历史上就有很多皇帝相信这个，唐宪宗就是其中一个。在他统治的后期，不知道是因为这类有毒的东西吃多了影响了他的判断力，还是因为贪图享乐和妄求长生的思想作祟，他不再如前期那样任人唯贤，而是选择相信一些宗教人士、宦官和小人。比如前期给他立下汗马功劳的裴度宰相，他不再信任他，将他炒了鱿鱼，而任用皇甫镈。皇甫镈是什么人？他就是一个小人加骗子，也就是他引荐了很多所谓的道家术士给唐宪宗，说他们可以为宪宗炼制长生不老药。

唐宪宗为什么会这么相信长生不老呢？一是因为唐朝历代皇帝都信奉道家，将道家的开山鼻祖李聃封为先祖，将道家奉为唐朝的国教。没有哪一个朝代，对于道家有着这样深的感情和渊源。因为唐朝君王姓李，唐朝又称为“李唐王朝”。唐朝是反了隋朝而建立的，它的开国皇帝本来是隋朝的臣子。为了淡化这段历史，让人们觉得唐朝的开创是上天的旨意，自然要赋予它一些神秘的色彩。这就需要宗教的力量。唐朝统治者姓李，有影响力的宗教只有道家创始人姓李（李聃，就是我们常说的老子），而后来他又被道教美化成神仙太上老君了。能有一个仙人做自己的祖先，不正好可以将唐朝的创建说成是上天的旨意吗？而传说这个先祖就是通过炼丹成仙，从而长生不老的。古人迷信，这个故事一直流传下来，就让大家深信不疑。特别是唐朝统治者，尤其是唐宪宗之后，对炼丹能长生这种说法尤其显得狂热。

唐宪宗为了能够长生，一直都在寻找方士。皇甫镈就给他引荐过一位叫作柳泌的所谓山人。但其实这个人也就是一个借着炼丹的幌子招摇撞骗的。但是唐宪宗听说他能够炼制长生不老药，高兴得很，将他安排在兴唐观，专门给自己炼制仙药。但是过了很长一段时间，他还是一颗丹药都没有炼成。唐宪宗来问他，他就借机寻求官职，他说天台山里有炼制仙丹需要的奇花异草，也只有那里才有。为了炼丹方便，他需要唐宪宗给他一个那里的官职。

“那我就任命你为台州刺史吧！”唐宪宗想都没怎么想，就答应了。可是群臣不答应啊，哪有荒唐到让一个方士做这样一个官职的，岂不是要贻笑大方！

唐宪宗怒了，举国都是朕的国土，朕封他一个地方官职又怎样？你们做臣子的目光不要只是盯着这一个官职，也要为朕的龙体着想啊！

就这样，群臣再也不敢说什么，柳泌如愿以偿到台州出任刺史去了。可是一年过去，心急如焚的唐宪宗依然没有等来所谓的仙丹。这时候，柳泌自己也慌了，赶快逃走。没走多远，他就被人抓住，押解到长安等待唐宪宗发落。唐宪宗这时早已经为长生不老的事情搞昏脑子了，听柳泌辩解一通，再被皇甫镈、李道古替他说了一下情，不但无罪释放，还要赐给他一个翰林待诏的官职。而且，唐宪宗还继续让他给自己炼制仙丹。

除了吃仙丹，唐宪宗还迷信佛教。在看到道家的仙丹炼制了这么久都没有办法炼成，他就想到双管齐下，也去拜拜佛吧，让佛祖赐他能量。一次，他让身边的宦官到凤翔去迎接佛骨。这时候，韩愈担任刑部侍郎，力谏皇上不要迎接佛骨。

"混账，韩愈竟敢出言不逊，不仅劝阻朕去恭迎佛骨，还对佛祖不敬，实在是不将朕放在眼里。朕一定要将他处死，而且要给他极刑，让他知道这样做的后果。"

"陛下，请息怒，请息怒啊！韩愈并不是有意要冒犯陛下的，他只是对国家社稷比较担忧，并无恶意，就请陛下饶恕了他吧！"当时的宰相裴度极力替韩愈求情。

"看在你们的分上，朕可以饶了他一命，但是死罪可免，活罪难逃，不给他一些惩罚，他就不知道以后哪些话该讲，哪些话不该讲，哪些是臣子该做的，哪些是不可逾越的。既然他这么爱管事，那我就将他贬到岭南地区，让他去做潮州刺史，去管那里的事情。"

因言获罪，韩愈一片好心，最终却落得这样的结果，也是令人唏嘘。这时候的唐宪宗，再也不是前期那个励精图治，听得进臣子意见的人了。不但这样，因为经常服用丹药，唐宪宗很快就出现了强烈的副作用。首先就是身体开始病变，最大的表现就是时刻都会感到口渴，再者就是精神上也已经不正常，非常狂躁，动不动就要打人骂人，甚至砍人。宫里因此被他砍头的太监和宫女不在少数。整个皇上寝宫对于这些下人来说就如同地狱一般，因为他们每时每刻都感觉是末日一样度过。

终于，到了元和十五年(820)，唐宪宗一病不起。这时候，在他身边小心翼翼服侍他的宦官们感觉时机到了，其中一个叫作陈弘志，一个叫作王守澄的，就趁着唐宪宗熟睡，将他杀害了。这一年，唐宪宗才 43 岁，正值壮年。

仙丹害人啊，试想一下，如果他不是这么害怕死亡，不服用仙丹，按照他的身体状况多活一二十年应该没有问题的。但是事实就是这样，没有办法回转。可见一个道理，当一个人腐败的时候，其实死亡真的离他不远。放着国家政务不理，却搞这些旁门左道的东西，将国家的资源用在不正当的地方，还要引起社会一股不良的风气，这就是一种腐败和堕落。而他个人的腐败堕落，最终却引起了整个朝廷和天下的腐败。在这之后，唐朝已积重难返，注定要被新的朝代所取代，后面一个世纪的岁月，也不过是大唐灭亡前的苟延残喘。

# 第十一章　唐文宗:大唐走向没落的转折期

唐文宗李昂(809 — 840),是唐朝的第14代皇帝,被宦官王守澄等拥立为帝,当时年仅18岁。在位14年,执政期间政治黑暗,官员和宦竖争斗不断,是唐朝社会走向没落的转型时期,唐文宗本人也形同傀儡。甘露之变后,被宦官软禁抑郁而死,终年32岁。

## 第一节　于宦官争权中登基

唐玄宗后期大唐由盛转衰,而真正走向没落的转折点,却是唐文宗时期。在他及之后历代,最大的一个特色是宦官权势特别大,严重影响朝政不说,还操纵着皇帝的废立。将近一个世纪的唐朝晚期,竟然有7个皇帝都是由宦官所立的,唐文宗就是其中一个非常典型的代表。这个传统是从他父亲那里遗留下来的,他父亲唐穆宗也是宦官拥立起来的。这就用事实说明一个问题,唐朝的腐败已经无可救药。

究竟如何无可救药,究竟宦官怎样操纵着皇帝的废立?就让我们走进那一段特殊的历史,看看唐文宗是怎样被宦官拥立起来的。在唐文宗之前,其实这个帝位是唐敬宗坐的,他是唐文宗的哥哥,是唐穆宗亲自挑选出来的接班人。但是唐敬宗并不是一个好皇帝,他也不知道怎样当皇帝。他即位的时候,都还没有脱掉稚气,年方十五。但是与他的年龄不匹配的是,他性情非常古怪暴躁,只爱玩,不理朝政。甚至在玩乐之中,他还要给玩伴设立一个官职，叫作击球将军。而令人感到讽刺的是，这个无端造出来的官职，却葬送了他的性命。没错，他正是被自己选出来的击球将军苏佐明伙同一众宦官给杀死的。

事情是这样的，一天，唐敬宗又和他的一帮宦官、击球将军等几十个人一起喝酒，喝到开心的时候，唐敬宗就到屋里换衣服，想换完衣服出来再接着喝。但是这时候，击球将军苏佐明和宦官刘克明，联合其他一众人等，就跟随着进去了，一起将他活活弄死。因为，他们再也受不了唐敬宗火爆的性情，他们之中个个都没少受他的打骂。

他们将唐敬宗杀死之后，就必须要立新的君主啊，可是这些人意见就不统一了。有人想立唐宪宗的其中一个儿子绛王李悟，但是有人却不同意，因为刘克明他们想借着这次立新君加强自己的权力。在这种情况下，另一帮宦官将他们心目中的人选，也就是当时的江王（穆宗的第二个儿子）李涵千方百计接到了宫中。这个李涵就是唐文宗李昂了。李昂的出现让很多大臣看到了希望，此时形势就发生了根本性的改变，当初嚣张得要削弱其他宦官权力的刘克明，以及击球将军苏佐明被这伙人给杀害了。而且，就连绛王李悟也在这次的诛杀行动中死了。

这下子，李昂的皇位是十拿九稳，接下来要思考的就是怎样登基才能更好。毕竟，李昂的登基有点名不正言不顺。群策群力，最终群臣想到了一个名头，那就是将这次诛杀苏佐明等人的行动说成是在李昂指挥下完成的，那么李昂就有了一定的功劳。然后，再让文武百官齐齐请求李昂即位，以此显示出李昂即位的朝廷基础，起码是得到了大家的认可和拥戴的。最后，就是要去确定他即位的合法性，这个很重要。但是他的父亲、哥哥都已经死了，谁能够证明他的皇位的合法性呢？李昂的策划团队想到了李昂的祖母太皇太后，干脆就以她的名义，将李昂指定为皇位的继承人。当时，李昂的祖母还在世，因此在李昂的父母都死去的情况下，祖母的话是非常有力量的。说白了，这三点准备，其实都为了洗白李昂半途跳出来争夺皇位的事实。

经过这三个步骤的安排，李昂登基再也没有人发表不同意见了。李昂成为了一个在宦官争权中登上皇帝宝座的人。然而，虽得力于宦官的支持，他内心里却对宦官多有不满。为了能够一改如今充满腐朽味道的朝廷风气，即位后的唐文宗表现出极度勤奋和立志改革的精神面貌，和他的哥哥唐敬宗完全是两种截然不同的风格。这不仅让文武百官感到欣慰，宫中的普通太监和宫女也都因此而松了一口气。

唐文宗真的非常敬业。他每次上朝都来得很早，而且每次与官员的对答都很详细，每个细节都要问清楚了才肯放过。而在个人要求上，他非常严格要求自己，不讲究奢侈的排场，多余的宫女他都遣散回家。之前历朝历代形成进贡奇珍异宝的规定，到了他这里也取消了。即便是他的生日，因为刚好遇上了地方灾难，他都不准许宫中杀牛宰羊给他庆生，而只是用一些瓜果蔬菜来代替。这般严格要求自己，别说是一国之君，就是普通人，恐怕都很难做到。然而正是因为他不是普通人，责任更大，所以更加不可放松对自己的要求。最难能可贵的是，他很注重言路的开放，非常欢迎谏官向他发难。

除了对自身有着严格要求之外，他还要求自己的臣子也要以身作则。如果他发现谁上朝的时候穿着非常华丽，就会毫不客气地提出批评，并且罚扣薪俸。而有一次他看到一个大臣穿着一种普通民众穿着的木棉布，他感觉很朴素实用，也让人给自己做了一件，并且洗了换了再穿。以至于群臣都仿效他，结果导致这种布料不断涨价。虽然结果不是很好，抬高了物价，但是这节俭的精神，却一扫之前奢靡、灰暗的气氛。

而业余方面，他最喜欢的是读书，而不是歌舞声乐。在他看来，想要成为一代明君，改变现在这种低迷的国情和政治风气，必须要多读书，从书中汲取智慧和养分。因此，不管政务有多忙，即便是忙到深夜，第二天还要开早会，他依旧要在睡前读上一会儿书。这就使得他的学识积累得很快，思考也比一般的臣子要深入、周全。很快，在他的身体力行下，朝廷风气大为改观，人人以尚俭为荣。以至于，前宰相裴度感动得热泪禁不住唰唰地往下掉。他开心啊，四处奔告，见人就说，天下有救了，有救了。

## 第二节　悲剧人物郑注与李训

唐文宗确实是晚唐开出的一朵奇葩,不过这朵奇葩没有足够的土壤让它持久盛开。虽然唐文宗是在宦官争斗中被宦官拥护登上帝位的,他对于宦官却没有好感。特别是那个拥护他登基的王守澄,就是自己的杀亲仇人(王守澄、陈弘志合谋杀死唐宪宗),他怎么可能容得他在自己的身边作威作福呢?

事与愿违,唐文宗心中恨死了这些宦官,表面上还是要对他们客客气气,不可表现出一丝的不爽。因为,宦官干政、掌权的弊端由来已久,他现在还没有足够的实力与他们公开对抗。他要借助于朝臣的力量来实现这个愿望。只要宦官的势力大减,那么政治的清明就指日可待。而在朝的很多官员已经被宦官控制了,他试探过,没有人有胆量对抗宦官。唐文宗于是将眼光放在了新的官场力量上。这时候,有两个奇人走进了他的视野,一个叫作郑注,一个叫作李训。

先来说郑注,其实他并不是职场新人,说起来,他还和唐文宗有过过节呢。郑注是个奇人,首先奇在他的相貌并不好看,五官不大端正。不过他多才多艺,文学、艺术、医学、棋艺,没有一样不精通的。有一次,襄阳节度使李愬患上了一种肌肉萎缩的怪病,四处求医无果,最终找到了郑注。郑注没有像其他名医那样用药,而是走偏方,竟然给他把病治好了。李愬因此对他很感激,将他留了下来,让他参与到自己的军政事务之中。没想到,他对军政都很有自己的一套,提的意见都非常精辟,帮了李愬不小的忙。李愬因此将他看成了自己心腹。这引起了很多人的嫉妒与不满,而他的名字也因此传扬出去。当时担任监军的王守澄得知此事后就打算将他赶走。

"将军再考虑一下吧,如果您跟他交流一下,就知道他是一个非常难得的奇人,就不舍得将他赶走了。这样吧,我让他马上来见您。"不等王守澄回应,李愬就去叫来了郑注。王守澄一看他就不顺眼,身材短小,相貌丑陋,这样的人怎么可能是一个奇人呢?难道他是三国时期的凤雏化身不成?

还别说，他还真的有点像三国时期的凤雏，人人第一眼见了他的样子都感到不顺心，可只要与他交谈，不用几句话，就会被他的智慧与机智给折服。王守澄就是这样，在与他对话过后，对他的印象完全改观了，由原来的轻蔑变成尊重，还将他抽调到自己的身边作为心腹使用。他与唐文宗的矛盾，就是这之后结下的。那时候，唐文宗就要对付那些不可一世的宦官了。他选的负责人是宋申锡。本来，他们制订了一个周密的计划，拟铲除的宦官就包括了王守澄，而且还是重点要铲除的。谁知道这个计划一不小心泄露了出去，被郑注察觉了。作为王守澄的心腹，他当然不能眼看着王守澄面临危机而不顾，于是就将这件事情告诉了王守澄。王守澄一听，决定对宋申锡进行报复。

“陛下，奴才收到一个秘密的消息，与陛下密切相关，但是不知道当讲不当讲……”

“有什么你就说吧，说错了朕也不怪你。”

“有人告诉我，宰相宋申锡目前正在图谋不轨，他想另立漳王李凑为新君。”

唐文宗听了眉头紧锁，这不大可能吧，这些天我还和他一起商讨如何铲除宦官呢。但是人心隔肚皮，空穴来风必有因，宁可信其有，不可信其无，我还是做好准备为妙。就这样，仅凭几句谗言，宋申锡就被贬为了开州司马，他与唐文宗设定清除宦官的计划就此落空了。

因为这件事情，郑注更加得到王守澄的信任和提拔。他的升迁引来了许多人的不满，其中就有左军将李弘楚和韦元素。一天，他们谎称有病，叫郑注给自己治病，实际上是摆了一道鸿门宴，要让他有来无回。敏锐细心的郑注不可能对此毫无察觉。当人们都以为他不敢赴约的时候，他非但赴约，而且是只身一人，大气凛然，毫无惧色。这气场，一开始就把韦元素给唬住了。接下来，郑注利用他的三寸不烂之舌与满肚子的文才，滔滔不绝地与韦元素聊了起来，天南海北，军事政治，信手拈来，听得韦元素都入了神，忘了自己原本是要趁此机会杀了他的。过了许久，郑注讲完了，韦元素还意犹未尽。在他临行前，韦元素特地赠送给他很多的钱财和布匹，这意思就是交了他这个朋友。这真是一大奇事，本来讨厌得很，恨不得一剑杀了他，却不料到头来成为了他的粉丝。郑注的威名因此再一次流传开来。传着传着，就传到唐文宗的耳朵里来了。

当时，唐文宗不知道什么原因，生了一种怪病，很想说话但是说不出来。又是一个棘手的疑难杂症，很多御医看了都说没见过、没办法医治。如果病情恶化，那就只有等死的分了。宦官未除，自己的政治理想还没有达成，他才不想等死呢。得知郑注对疑难杂症很有办法，他就同意了王守澄的建议，让郑注给他看病。说来也神，不过根本还在于郑注的医学功底扎实，唐文宗吃了郑注开的药很快就好起来了。这让唐文宗对郑注刮目相看，将他提升为太仆卿，留在自己的身边。就这样，郑注再次换了主子，而且是最后一次换主子。这一换，就注定了郑注的悲剧结局。

现在再来说说李训。他是唐肃宗时期的宰相李揆一支的，长得是仪表堂堂，和郑注恰恰相反。除了这个，他的口才和学识倒和郑注有得一比。只是他这个人有一个明显的缺点就是做事情有点急功近利，少了深思熟虑的那份稳重。比如在武昭一案中，他的父亲李逢吉当时被同为宰相的李程陷害，为了给父亲平反，同时教训一下李程，他跑到曹茅彙家里，要他指证武昭和宰相李程图谋不轨。岂料，最终武昭是被杀了，他自己也遭到流放。

故事到这里，就迎来了戏剧性的转折。当年唐文宗大赦天下，李训也在其列。唐文宗见李训是个人才，就想招揽他到自己身边，并且不顾一些大臣的反对，将他封为翰林侍讲学士。慢慢地，郑注、李训两人成为了唐文宗的心腹，唐文宗向他们讲出自己要铲除宦官体系的想法。两人听了都很赞同，并与唐文宗进行多次密谋，最终敲定了一次大行动，希望能够一举将所有大宦官一网打尽。布置好后，三人就等天时地利的到来。

## 第三节　甘露之变腥风血雨

他们首先要开刀的就是当年杀害唐宪宗的陈弘志、王守澄两人，这件事情全都交由李训策划执行。是时，陈弘志担任山南东道监军。李训获得了唐文宗的授意之后，在青泥驿秘密安排了一众将士，然后给陈弘志下了一道密令，说是有非常紧急的事情要和他商量，而且是极其机密的。陈弘志不知是诈，也没有做什么防备，急匆匆就赶到青泥驿。恐怕陈弘志这会儿还在想，是不是唐文宗有什么好事情要照顾他呢。确实要“照顾”他，不过等来的是结实的木杖而已。

“给我往死里打，一定要将他打死！”当抓住了陈弘志后，李训给执行杖刑的士兵下达了行刑命令。一杖一声惨叫，多年前合谋害死唐宪宗的陈弘志就这样被残酷地秘密打死了。唐文宗听了李训的描述之后，心中大为畅快，多年的心结终于解除了一半。还有一半，就是陈弘志的同谋王守澄。

兔死狐悲，王守澄在陈弘志死后迅速被唐文宗等人有意疏远。他的职务和权势，也被唐文宗找借口给解除掉。到最后，王守澄大势已去，再也蹦跶不起来了。

“陛下，时机到了，就让我去解决了王守澄吧。”李训向唐文宗请示道。

唐文宗欣然应允，再次授权给他。李训也不费什么力气，采取同样的手段，骗取了王守澄的信任之后，将他引到了唐文宗的面前。这是唐文宗最痛恨的人，他决定亲手解决了他。不过，为了防止弄脏自己的手，唐文宗向王守澄递过一杯毒酒。王守澄知道大限已至，悲痛地喝下这杯毒酒，为他多年前的行为付出了生命的代价。

至此，短期内铲除掉两大宦官，李训的名声在朝廷内外传响。李训因此洋洋得意，心里自诩为宰相，每次见唐文宗的时候，行礼都按照宰相的规矩去做。唐文宗也默许了他的言行，这让宦官们很是惊恐，每次见了李训大气都不敢出一口，平时办事行走，也收起了之前的嚣张气焰，显得非常小心谨慎。三十年河东三十年河西，宦官们的表现让唐文宗三人感到进一步行动的时机就快来了。不过，为了保证这一次大行动万无一失，他们还是提前做足了准备。比如，为了借助于军队的力量，郑注被任命为凤翔节度使。担任该职务后，他就有了军队的调度权，可以作为该行动的一个外援。这是人和。而天时地利就是王守澄的葬礼，到时候全部宦官都会前往送葬和吊唁，等他们聚集的时候，郑注就可以指挥大部人马直杀进来。如果这个计划成功，那么将功不可没。因为宦官干政不是一天两天的事情，而且其中人数众多、关系复杂，这次行动成功的话，就相当于将他们连根拔起，很难有东山再起的机会。起码，在唐文宗时期是看不到了。而且，布置妥当的话，成功的概率非常大。

就在这紧要的关头，已经出了两次风头的李训依然心很野，很自私。他想独吞这份功劳，而不想与郑注共分。为此，他撇开郑注，单独寻找宰相舒元舆和金吾将军韩约，想秘密实施另一条计谋。这件事情，郑注和唐文宗都被蒙在鼓里，他们还以为一切按照三人制订的计划行事呢。

这一天终于来了，大和九年(835)十一月二十一日，一个初冬的清晨，露珠刚好挂在枝头，百官都在大殿上站好，安静地等待早朝的开始。一切，都显得很平静，和往常没有什么两样。

早朝开始，忽然，金吾将军韩约满脸笑容地向唐文宗贺喜。那样子，就仿佛真的遇到了什么大喜事一样。这一声恭喜，打破了清晨的宁静，引起了文武百官的好奇心。

“朕有何喜事吗?”唐文宗其实早就知道了这部分计谋(李训改了后半部分计谋)，却配合着故作不知。

“陛下不知，我早早来到庭院，看到那石榴树下，挂着晶莹剔透的甘露，十分动人。甘露挂枝头，这素来就是祥瑞的好兆头啊！这肯定是陛下励精图治，感动了上天，上天特派神仙降下甘露，以示嘉奖的。”李训说得好像真的一样，朝廷上一阵小声议论。

唐文宗心里乐了，看来大家都上钩了。

“那既然是好兆头，朕倒要看看是不是真的。仇士良，你就带上你的人，替朕到金吾左仗院瞧瞧去吧。”

仇士良领命而去。一会儿，当他来到左仗院时，忽然感觉有些不大对劲。你想啊，此时是长安的初冬，冷风吹得人都要发抖，但是站在院子里守护的韩约将军却面色僵硬而神情非常不自然。不是寒冷导致的那样，而是心中有鬼的感觉。阅人无数的仇士良一眼就察觉到韩约的怪异，再看他的额头，豆大的冷汗冒出来，怪吓人的。仇士良停住了脚步。

正巧，一阵寒风吹来，掀起了旁边的帘帐，你猜仇士良看到什么？一排排手持兵器整装待发的士兵。

“哎呀，惨，被算计了！”仇士良此时完全明白了是怎么一回事，还没等守着大院的侍卫反应过来，他就一个飞身跑了出去，一直跑回大殿，一把抓住唐文宗的车马就往后拉拽。

“哎，看来事情败露了。”李训心里顿觉不好。不过事已至此，只好随机应变了。

“来人，赶快给我去将皇上的车马位住，每人赏钱一千！”

士兵们蜂拥而上，仇士良往侧边退去，想抄近道逃跑。李训瞧准机会，抓住了皇上的车把死死不放，然后与仇士良扭打在一起。好不容易将仇士良压在身下之后，李训腾出一只手从自己的靴里将藏好的短剑抽了出来，看准了就往仇士良的胸前刺去。眼见就要刺下了，忽然不知道从哪里窜出来一个小宦官，硬是将仇士良给救了。如此难得的好机会，就这样在自己眼前没了。

李训非常不甘心，仍然死死拽着皇帝的车子，前面宦官们也用力拖拉。李训就这样在后面被拖着往前走，一直到了宣政门，被宦官打倒在地，才不得不放手。他一放手，这车马就进了宫门。

那是宦官们的地盘，再不走恐怖就走不了了。于是，李训也顾不得皇上的安危，马上将身上的官服脱下扔掉，扒下了一边的小吏的兵衣穿上，骑在马上飞奔而出。他前脚刚走，后面就响起了仇士良指挥上千人马大开杀戒的声音。那些还没来得及逃走的文武百官和士兵们，几无幸免都成为了这场变故的受难者。一时间，数百具尸体杂乱横陈，宫中血流成河，器物散乱毁坏一地，就像刚经历了一场炼狱一般。而实际上，这个场面比地狱还要恐怖。不久前还是平和的空气，下一秒钟就充满了血腥味。

李训出逃后，没有回家，他知道，仇士良肯定不会放过他，家里肯定也是血流满地的场景。他想对了，仇士良到处找不到李训，就率军前往他家进行洗劫，家中长幼老少，全都杀死。家中的贵重财物，全都被士兵们和那些大胆的小混混抢夺一空。整个长安街市，一瞬间变了天，人们惊恐不安，久久不敢上街。

李训没有其他去处，只好往山中走去，他结交了一个僧人朋友，希望到他那里剃度为僧，暂且躲避过去。但是当他到了终南山的时候，他的朋友答应了，寺庙里的其他和尚却怕得要死，纷纷拒绝收留他。无奈，走投无路，也不能强人所难，李训只好去投奔凤翔的郑注。

此时，郑注还不知道长安宫中发生的事情，他还按照原先的约定，率队赶往长安。而李训则快马加鞭赶往凤翔。可惜，他还没走多远，就被抓获，将要被送去长安，等候发落。一路上，李训想了很多，他不想回到长安忍受那常人根本无法忍受的酷刑，他宁愿在路上来个痛苦的了结。

“兄弟，你看这样吧，你们就不用这么麻烦将我押往京城了，在这里将我的脑袋砍下，然后回去交差。反正我横竖回去都要死的，你拿一个脑袋还不比带上我这个人轻松？况且，你们就几个人，我还有同党呢，他们也正走在这条路上赶往京城，那可是一大队人马，等他们赶到的时候，恐怕你们就没命了。你们自己想想，我也懒得活了，活够了，倒是你们，还年轻，这样白白丢了性命可不值得啊。”

经他这么一说，押送他的官差心里也有些紧张了，万一真的遇到他的同党，那可不是开玩笑的。于是，他们如李训所愿，将他的脑袋砍下，匆匆掩埋了他的尸体，就急急奔向长安复命。

而这边，郑注走到了扶风县才听到李训已经完全失败的消息，决定不再往前走，也不再让那些无辜的士兵跟着自己白白死去。为此，他马上调转方向往回走，很淡定地坐在家里等着仇士良的人来找他。

他已经没有多大的念想，因为按照仇士良的势力，现在这会儿肯定是加紧布防各处关卡，走得了一关两关，也难逃后面的关卡；走得了一时，也走不了一世。倒不如在这等他，看到时能不能利用自己的口才为自己争取一线生机。当然，这一线生机也很渺茫了。

果然，不多时，就有人来请。郑注整整衣冠，带着一小队亲信，就出发了。这是一场鸿门宴，来请他的人是宦官李叔和张仲清。张仲清是一个胆小鬼，但是李叔却是一个心狠手辣的人。郑注见了李叔本来还想能跟他说些什么，好投靠他，但他刚坐下，还没来得及开口，后面一把剑就刺了过来。

他痛苦地看着胸前的剑尖和鲜红的血滴，说不出一个字，这剑又飞快地抽了回去。郑注就这样死了，以他最想不到的方式死了。他带来的在外面候场的亲信，一个也没有少，全都被李叔安排的人给杀死了。与此同时，一队人马早就在他踏出家门时，赶往他家。也许他还没有来到赴宴的地点，家中人无论老少就已经被杀光了。连同他的所有手下和关系亲密的官员，无一例外全都被杀死。这一杀，仅仅是郑注这边的，就有超过千人之多。

至此，李训和郑注，以最悲惨壮烈的方式告别了。为他们殉葬的除了无数人的生命，还有文宗铲除宦官的雄心壮志。而仇士良在这场变动之后，挟天子以令诸侯，并派宦官严密监视着唐文宗，唐文宗因此抑郁寡欢，不再上朝，没几年时间就病重。最终于公元 840 年撒手人寰，终年 32 岁。

这一场对宦官的战役读来令人心酸。从中可见，腐败不是一天两天形成的，它通过长年累月、历朝历代的累积，越是到后面就越难处理。甘露之变就说明，即使唐文宗和一众出色的人想尽办法，还是难敌早已织成一张厚网、触角遍布各地的腐败势力。不是唐文宗不够聪明和努力，而是他的先辈留下的积弊太重，身边的宦官势力又实在太强大，唐文宗也束手无策，这一个烂摊子，只能留给下一个继任者了。

# 第十二章　唐武宗:会昌中兴,大唐回光返照

一个普通的王爷因为宦官的作用逆袭成为皇帝,但随之而来的却不是好运,而是令人感叹的荒唐事迹。他就是唐武宗,前期因为削藩、大灭佛教而迎来了短暂的会昌中兴。可惜在对佛教进行大规模的围剿的同时,却陷入了道教的圈套,最终成为又一位被丹药害死的英年早逝的唐朝帝王。

## 第一节　被绝色妓女推上皇位

唐武宗是唐文宗的五弟,原名李瀍,即位后改名李炎,也是一个被宦官推上台的皇帝。和唐文宗一样,他原本不是上一任皇帝钦定的太子,他的哥哥唐文宗本来定下的太子是唐敬宗的第6个儿子陈王李成美。不过,仇士良等人见唐文宗病重,根本不将他放在眼里,私下里假传圣旨,将李瀍立为接班人。

李瀍即位,很多人都感到非常震惊。因为李瀍虽然贵为王爷,却一直和唐文宗没有多大联系,并且,他从来不去争夺皇位,对政治并没有太大的兴趣。他的兴趣和唐宪宗一样,信佛好道,虽然只是20岁出头的年轻人,却非常迷信丹药,吃丹药已经有些年头了。本来,像他这样,很可能一辈子就骑骑马、打打猎,吃一下丹药,开开心心混日子的。但没有想到,仇士良竟然看上了他,让他的人生从此发生了一次大转折。也不知这是好事呢,还是坏事,但他的结局并不好,这是可以肯定的。他和哥哥唐文宗一样,去

世的时候也只有32岁。

关于唐武宗的即位,《唐阙史》记载了一个很美丽的故事。这个故事与一个女人相关,她是一个歌舞非常出色的妓女,姓王。当初李瀍对她一见钟情,马上就替她赎身,将她藏在自己所住的"十六王宅"那一个王爷区的私宅里。所谓的王爷区、十六宅,就是王爷集中居住的高档别墅区。当时除了李瀍在那里居住外,还有一个叫作安王李溶的,他是唐穆宗的第八子,年龄比李瀍小。他们的感情并不差,常常一块玩耍。

话说有一天,两位王爷都在,仇士良派人到十六王宅去迎接新的皇帝登基,但是自己却忘了告诉他要迎接哪位王爷。于是,仇士良再派了一个亲信前往传达正确的讯息。可是这次又出了点差错,讯息没有传达错,可是表达上有歧义。这第二位来报信的亲信一时紧张,别的都不会说,就重复一句话:"大的,大的。"他的意思是,要年纪大的为皇帝。可是第一个亲信哪里懂得这话背后的意思啊,要知道当时的情况很急,他们必须尽快把人带回去复命。

这时候,在屋里的王氏听到了,马上推着李瀍出来,边走边说:"大的来了,大的来了。你们看哪,颍王高大伟岸,就是你们说的大的。当今圣上都称呼他为大王,他还是你们仇公公的好朋友,不是他还能是谁呢?赶快保护好王爷回去复命吧,不然仇公公非重重责罚你们不可!"

仇士良的两位亲信一听这姑娘说得头头是道,加上当时实在是很急,就没有多想,将他带回去给仇士良看。仇士良一见,错了。但再看看都快日落西山了,那就将错就错吧。于是李瀍就被推为了皇帝。

故事是这样,但事实呢?当然并不是这样,毕竟立皇帝是一件天大的事,是多方利益的互相妥协,哪可能会这么随便。况且,前面已经说了,按年龄来说的话,李瀍排行第五,李溶排行第八,两个人是同一个爹生的,谁大谁小,一目了然。那么,编撰这个故事的目的和意义是什么呢?或许,我们可以这样解读。

在古代,和绝色美女,特别是艺伎扯上关系的,一般只有两种情况,一种是标榜浪漫的,一种则是含有讽刺的。标榜浪漫的一般都是文人,如李商隐、杜牧这一类。他们经常会写一些诗歌给自己的红颜艺伎，他们之间的爱情、友情或者介于爱情与友情之间的情感，常常为人们所津津乐道。也不是说王爷就不能有这样的红颜知己，但是要看背景。这件事情发生的背景其实是很严肃，甚至很残酷的，但是在这个故事里，却变得很随意，带有一种滑稽的感觉。翻开之前的历史篇章就可以知道，除非是正常的皇位继承，否则必然会在皇位竞争中有残酷的伤亡，比如父子、兄弟互相残杀一类。实际上，在这里就发生了这样的事情。仇士良将李瀍选为继承人之后，就曾经提出一个条件，那就是要他赐死李溶等人。他照做了。从这里就可以看出，这个故事的编撰者，就是要讽刺这种腐败的宦官推动制。

被绝色美女推上皇位是假，但是被宦官推上皇位是真。这种潜规则的背后是皇权受制于宦官的腐败、无能，表达出当时人们对晚唐的一种失望、痛苦的情感。

## 第二节　会昌中兴，大唐回光返照

不过，唐武宗并不是那么不堪，他在任期间也作出了一些业绩，比如对刘稹叛乱的平定，多次大规模灭佛，鼓励农业生产等，最终形成了会昌中兴的局面。

和唐文宗一样，唐武宗在宦官的支持和要挟下登上了这个政治大舞台，但唐武宗也对扶持自己上台的宦官表示不满。追求自由是每一个人天生的意志，没有谁希望受到别人的牵制，自己只是做一个木偶人。只是在羽翼还没有长丰满的时候，也只能忍受，包括诛杀自己的亲人，如自己的亲弟弟安王李溶，还有陈王李成美，还有自己哥哥文宗钟爱的妃子杨氏等。身在其中不由己，唐武宗只能将这笔血债暂时记在心里。

为了麻痹仇士良，唐武宗做出一副纨绔子弟的样子。他每天照样喝酒逛妓院，开心不开心的时候都出去骑马、打猎，对于政事表面看没有什么兴趣（在没做皇帝之前是没有兴趣，但在登基之后他就要承担起这个责任来），一副逍遥自在的样子。

仇士良对此很满意，渐渐地放松了对他的监视。就在这时，唐武宗将前朝宰相李德裕重新找了回来，既让他做自己的老师，又让他担任要职。特别是在对藩镇叛乱的平定上，李德裕的才能充分显示出来。

那还是会昌元年(841)的时候，卢龙军的陈行泰发动了一次变动，他将军中的首领史元忠节度使杀了，自己接管该军队，还洋洋得意地通知朝廷，要朝廷对他进行表彰，气焰嚣张至极。唐武宗自然不可能做这么傻的事情，于是立马派出队伍前去平定叛乱。同时，李德裕把控大局，并做智囊解析与背后领导，这场叛乱很快就平定了下来。

过了一年，昭义镇也出现了藩镇闹独立的情况，这次是爵位世袭的问题。当时昭义原节度使是刘从谏，他死了之后他的侄子刘稹觊觎节度使这个位置，就想拥兵自重，继续担任该官职。

"不行，不能让他们世袭，当初宪宗坚决削藩，历时15年才取得了那么一点成绩，如果我们现在就破坏了这个规矩，全国各地还有很多藩镇，到时恐怕全都要提出这类要求。那国家还有吗？"

唐武宗也是主张用兵的，他任命李德裕为总指挥，并大布诏书讨伐刘稹，很快就得到了成德节度使王元逵、魏博节度使何弘敬、河阳节度使王茂元、河东节度使刘沔、河中节度使陈夷行等各藩镇的响应，他们组成一个强大的部队，共同进攻。李德裕就为他们作好战前的指挥、布置，以及战时的情况分析等。刘稹哪里是李德裕的对手，才几个月时间，就被打败，该地区重新回到了大唐的怀抱。自此之后，藩镇相对安宁了 一些。

李德裕的出现让仇士良感受到了威胁，因此他千方百计要赶走李德裕。首先，他在禁军中散布谣言，说李德裕要削减禁军将士们的衣食薪资。对于仅仅是打一份工的禁军士兵来说，减薪肯定不行。在仇士良的情绪鼓动下，将士们都对李德裕恨得咬牙切齿，他们围在一起，说要将他杀死。李德裕历经风雨，触觉敏锐，他观察到士兵们情绪有些激动不安，而且也听到了那个谣言。

"陛下，仇士良在禁军中散布臣的谣言，要置臣于死地，还请陛下能够到军中跟大伙儿讲清楚。"李德裕第一时间来找唐武宗。

听到这消息，唐武宗十分生气，马上派了使者传达自己的命令，意思就是所有命令都是他唐武宗发布的,不关李德裕宰相的事,谁要是造谣生事,必将严惩不贷。谁要是对此有意见,就亲自来找他唐武宗面谈。唐武宗这番声明一出,所有禁军将士都不敢出声了。不但他们不敢出声,就连仇士良也知道自己该退下来了。于是,仇士良为了得到一个相对较好的晚年,主动申请卸下目前的要职,转而担任一些闲散的职务。会昌三年(843)下半年,仇士良终于去世了。

仇士良本来是想得到善终的晚年,可是在他死后,因为过去的罪恶滔天,灵魂也不得安宁。这不,有人在他的私人宅院里发现竟然秘密收藏了好几千种武器,这让唐武宗大怒,决定抄他家,并没收所有财产,削除他的官爵。至此,仇士良的事情才算完结了。

削弱藩镇势力,抵制宦官专权,李德裕的到来让唐武宗的政治理想得到了一定程度的实现,为大唐回光返照般的会昌中兴奠定了基础。

## 第三节　声势浩大的灭佛行动

唐武宗一直都十分崇尚道家,这不用再多说了,但是他十分反对佛教,这在唐朝君王中却并不是太多见。就像唐宪宗,既对道家没有丝毫不满意,又爱佛教的东西。

在中国历史上,一共出现了四次重大的灭佛事件。第一次是在北魏时期,太武帝灭佛;第二次是在北周时期,武帝灭佛;第三次灭佛就是唐武宗灭佛了;还有最后一次灭佛是后周的世宗灭佛。与其他三次比起来,唐武宗的灭佛是影响最深、破坏力最强的一次。说起唐武宗灭佛,最表面的原因当然是因为他对道家情有独钟,但根本的原因在于当时的经济环境。熟悉唐朝历史的人会知道,唐朝的政府机构与寺庙有一定的联系,中央政府成为了寺庙的最大后台,给予他们特权。

什么特权呢?这些寺庙一不纳税,二不进行社会化的经济生产,三还大量圈地,形成自己的小王国。这三点让社会负担加重了许多,因为他们实际上是全社会的老百姓出钱长年累月养着的。一些人看见做和尚这么好,不用干活有吃有睡,还不用被沉重的赋税催着逼着,于是就宁愿出家为和尚。这样一来，本来就沉重的社会生产不足的问题就更加凸显了。四就是寺院自成一个系统，有着自己独立的管理体系，有些时候与国家通用的法律产生冲突，这就导致执法上的困难。

为了振兴国家的经济，唐武宗决定发动大规模的灭佛行动，史称“会昌法难”。首先会昌二年(842)，唐武宗就走出了灭佛的第一步，对佛教僧侣进行规定。他没有一开始就驱逐合格的和尚，但是对于那些已然不合格的、违反戒律的和尚，强制他们还俗进行生产劳动。而且，对于每一家佛寺的人数都有明确的规定，这样做就是为了减少不干活的人。对于一些本身破烂或者狭小的寺院，唐武宗直接命人拆除。

第二次灭佛是在两年后，唐武宗明文规定，谁都不允许供养佛牙。并且，对于当时全国闻名的几家佛寺，要求特别严格，比如五台山、普光寺、法门寺等寺庙，不允许他们接受百姓的供养和捐献，因为这些寺庙每年都有政府的财政支持。如果另外再有捐款的，就有敛财之嫌。此外，对于和尚、尼姑的自由，唐武宗也管。

在这之后第三次灭佛，唐武宗就玩得更大了，真正开始大规模灭佛。首先是强迫僧尼们还俗，比如50岁以下不准当和尚，现在所有的50岁以下的和尚全都要还俗。而且不仅对国内的僧人如此规定，国际来访学习的僧人在规定要还俗的年纪内也都要还俗。据统计，被迫还俗的人总共达到26万人之多。

第二项内容就是加强中央政府对天下寺庙的监督，并且拆除寺庙。据统计，大规模的灭佛行动所拆除的寺庙达到四千六百多间，所有拆除后留下的东西都归政府所有，那些铜佛像都熔成铜液，然后再用于铸造铜钱。而在国家边关，还规定了不允许那些游僧进入。

但和声势浩大的灭佛行动相映衬的是大规模的道教复兴运动。比如，他一即位就将所谓的真人、道士宣进宫里做道场，给自己授法箓。更为离谱的是，与唐宪宗如出一辙，他将道士纳入了国家官员行列，授予他们官职，比如衡山道士刘玄靖被授予银青光禄大夫。唐武宗没事就跟着他们学什么仙法，弄得朝廷不像朝廷，道观不像道观，整个就是乌烟瘴气。

对此，很多大臣提出了自己的看法，纷纷上书劝谏，但是唐武宗就是不听，还自欺欺人地辩解说只是和他们聊聊天，解解闷。大臣们非常担心这些坑蒙拐骗的道士会干预朝政，唐武宗就打包票不会让他们这么做。然而都已经给他们封官加爵了，还不是干预朝政吗？

后来，唐武宗对大臣的劝谏一律不听了，而且变本加厉，要在宫里修建什么望仙观、望仙台，说是只要登上去，诚心祈祷，有朝一日就能够感动天上的神仙，让他们听到自己的心声，保佑自己健康永生。这种鬼话，现在就是三岁小孩都不信，但是对于已经着了魔的唐武宗来说，却有着极大的吸引力。

当然，最后他什么都没有望见。没有望见就说明自己不能得到神仙的祝福和保佑，就不能够长生不老了。为此，他还是将所有的精力又放回到丹药上。

"大仙，什么时候才能炼制成长生不老药？"唐武宗心急得很。

"陛下，如果真的想要炼成长生不老药，恐怕得要去吐蕃才能找到。那味药非常珍贵而特殊，少了它不行。务必请陛下派人前去寻找才行。"常年在宫内炼丹的道士赵归真说道。

"那好，你把药名、样貌和所需的数目写下，朕让人出去找。"

其实哪里有一味名贵的药材啊，不过是赵归真完成不了任务，随便讲的。他要的就是没人能够找到。可是唐武宗被他骗得团团转，不惜人力物力财力，派去一拨又一拨的人，弄得国库空虚，怨声载道。

没有办法，唐武宗只好一边等长生不老药，一边吃其他丹药。就跟唐宪宗一样，这些丹药吃多了之后，他变得非常暴躁，而且时不时会出现幻觉，身体也消瘦下来，非常没有精神。

"陛下，恭喜您，您这是在脱胎换骨呢！这是凡人的肉身羽化升仙必须经历的一步！"道士们看到他这个样子，明知道中毒已深，大限不远，却依然昧着良心骗他。更可笑的是，他还真的信了，天天想着自己就要升仙了。

终于，唐武宗的身体被这些毒药侵蚀得无可救药，病情不断加重，最后连床都下不了，话也说不了。大家都知道皇帝快不行了，可是可恶的道士还在给他编织谎言，说他的名字要改，只要改了名就不会生病。改哪个字呢？就是带水字旁的“瀍”字。

“陛下，您有所不知，按照五行学说，大唐属土性，土生火，但是您的名字有水，水火不容，水火相克。您改一个有火的名字，这样才合理。”

于是，连话都说不了的唐武宗再一次义无反顾地听从了道士的鬼话，将自己的名字改成了“炎”。

12 天后，改了名的唐武宗病逝，成为唐朝又一位因服用丹药而亡的皇帝，终年 32 岁。

腐败，从来只会害人害己！